JN438524

일어나
뒤돌아서 감사하라

일어나
뒤돌아서 감사하라

고정자 지음

신아출판사

텅 빈 교실에서

한 해가 저물어 간다. 43년 동안 그랬듯 나는 또 삼십여 명의 아이들을 품에서 떠나보내게 된다. 이 새싹들은 한해 두해 좋은 선생님들을 만나 커 갈 것이고 우리 사회의 부족함 없는 구성원들이 될 것이다. 그 과정 속에서 작은 부분이라도 내가 도움이 되었다면 다행이련만.

그동안 나와 사제지간으로 만난 아이들이 1,500여 명이니 곰곰 생각해보면 얼굴이 떠오르는 아이들이 밤하늘에 걸린 별만큼이나 많다. 출석부라도 한 장씩 남겨 놓았더라면 이름만 보아도 아이들을 모두 기억할 수 있을 것 같은데 아쉽기만 하다.

이렇듯 한 해를 마무리할 때면 언제나 짙은 아쉬움만 남는다. 좀 더 따뜻하고 다정하게 안아 주고 더 가까이에서 자상하게 보살펴 줬어야 했는데, 편안하게 웃음으로 이해하고 감싸줬어야 했는데, 그러나 생각만 그럴 뿐….

막상 교실에 들어서면 눈을 부릅뜨고 조용하게 분위기를 만든 후 수업이 시작되고는 했다. 물론 감정 섞인 질책은 아니고 하나의 교육방법이긴 하지만 아이들은 선생님의 깊은 뜻을 모르니까 무서운 선생님으로만 기억하겠지. 학교는 양육이 아닌 교육이라는 차원에서 지도를 해야 하는데 그러자면 아이들과 선생님 사이에 때론 갈등이 생길 수도 있다. 바른 인성을 가진 모범적인 인간을 기르자는 목적이 과해서 그럴지도 모른다.

완벽하고 충실하게 지도하려고 했는데 그것이 아이들을 힘들게 만들었고 나 역시 힘들었던 것 같다. 그렇게 하지 않아도 아이들은 각자의 그 모습 그대로 잘 자라주었을 텐데, 내 열정과 교육방침이 제대로 받아들여졌을지도 의문이고 말이다. 원칙에 어긋나지 않고 곧고 바른 것만을 지향하는 내 성격 때문에 우리 반 전체가 힘든 줄을 알면서도 어쩌지 못했다.

예순을 넘긴 지금도 이럴진대 젊었을 때는 그 패기와 열정을 어찌 다 누르고 살았을까. 누구의 시선도 의식하지 않고 질주했던 그 시절을 돌아보면 스스로에게 칭찬을 해

줄 때도 있다. 교육에 대한 열정 하나만 가지고 제자들을 혈육보다 더 가깝게 생각하며 살아 왔으니까. 그 아이들은 지금 어디에서 무엇을 하며 살아들 가는지…. 저희들은 세월의 풍파 속에서 나를 잊을 수밖에 없겠지만 이 선생님은 너희들을 영원히 잊지 못할 것이다.

"교사는 있어도 스승은 없고, 학생은 있어도 제자는 없다."라는 말이 생각난다. 그리고 "교사는 먼저 배워서 가르치는 사람이고 스승은 마음에 감동을 주며 가르친 사람이다."라는 말도 떠오른다. 그래, 학문적 성과에 연연하지 않고 인성교육에 중점을 두고 인간을 만드는 게 진정한 교사의 길인 것이다.

날 찾지 않는 제자들에게 섭섭한 마음은 없다. 그저 하루하루 열심히 가르쳤고 또 앞으로도 가르치는 일에 충실할 뿐이다. 마음이 허전하여 아이들이 빠져나간 교문 쪽을 내려다본다. 하늘이 기분 좋게 가라앉아 있다. 함박눈이 내리려나보다.

| 목차 |

03 그날은

04 아이들은

01

봄이 오는 소리에

모악산 자락의 흰 눈을 점점이 지우고
잔설만 희끗희끗 남겨놓는다
봄이 오는 소리에

산모퉁이 개울가 살얼음 녹으면
돌돌돌 흐르는 작은 도랑물에서
은빛 송사리는 기지개를 켠다

양지바른 작은 언덕에 햇살이 고루 퍼지면
실눈을 뜨는 버들강아지는
은빛으로 눈부시다

봄바람은 살며시 나뭇가지들을 깨우며
먼 여행길을 준비한다
봄이 오는 소리에

향기로운 봄내음에 꽃비가 내리고
꽃비 따라 아가는 꽃신을 신는다
온 누리 가득 가득 생명이 솟는다
봄이 오는 소리에

2002년 3월 25일 월요일
봄비 내리는 창밖을 내다보며

흙에 살리라

아침저녁으로 제법 쌀쌀한 늦은 10월 오후인데도 나는 땀을 흘리고 있다. 방금 학교 실습지에서 일을 하고 들어왔기 때문이다.

교장 선생님과 다른 선생님들의 눈치를 살펴야 하지만 나는 흙을 만지는 일을 놓을 수가 없다. 물론 아이들 수업이나 생활지도 등 해야 할 일은 더욱 열심히 신경 써서 잘하고 있다고 생각한다. 그래도 항상 조심스럽고 신경이 쓰인다.

10년의 시내 장기근속을 마치고 시골 학교로 임지를 옮긴 지 벌써 8개월이 되어 간다. 한적하고 공기 좋은 곳에서 성실한 선생님들과 순수한 아이들과 함께하니 마음의 병도 어느 정도 치유되고 있는 것 같다.

일 년여 전, 내 고집과 판단 실수로 인해 재산상의 큰 손실을 입고 말았다. 아차, 싶었지만 때는 이미 늦은 상태였고 어이쿠, 이

거 뭐지 하는 마음속 큰 울림이 있고 나서는 어떤 약도 해결해 주지 못하는 신경성 병에 걸려 버렸다.

온몸이 저리는 통증에 이틀이 멀다 하고 새벽이면 남편 등에 업히거나 119 구급차에 실려 응급실로 갔다. 새벽부터 아침까지 몸속으로 들어가는 안정제 주사와 각종 약물은 내 몸을 망가뜨려 놓았다. 창백한 얼굴, 초점 없는 눈동자, 어눌한 말투는 누가 봐도 중환자였다.

병명이 확실치 않은 신경성 장애였다. 밤이 되면 가슴을 면도날로 스윽 베는 느낌이 들고 그 안으로 찬바람이 한바탕 회오리치다 빠져나갔다. 몸과 마음의 고통은 차라리 죽는 편이 낫겠다 싶을 정도였다. 점점 몸 전체로 통증이 번져갔다. 애 낳는 아픔은 비교도 되지 않았다.

신기한 것은 출근을 하면 상황이 많이 좋아진다는 것이다. 아이들과 함께하는 시간에는 불안하거나 두렵지 않았다. 수업에 집중하느라 그런지도 몰랐다. 그래서 다행히 직장생활은 할 수는 있었지만 문제는 자정이 가까워 올 시간부터이다. 아무리 마음을 다잡아도 괜히 불안해지기 시작하고 잠은 오지 않고 온몸을 바늘로 찔러대는 듯한 고통이 시작된다. 동틀 무렵이면 기력이 다 소진되어 손가락 하나 꼼짝 하기 힘들어 눈을 꼭 감고 가만히 누워 있어야 한다. 살며시 눈이라도 뜨면 천장이 와르르 내 가슴 위로 쏟아지는 듯한 환각 증세와 세상이 거꾸로 돌아가는 어지럼증에 쓰디쓴 검푸른 위액까지 쏟아내는 고통으로 이어져서 죽기보다 더 힘들었다.

그런 판국에 임지를 옮겨 새로운 환경에 적응해야 한다는 것은 엄두도 내지 못할 상황이었다. 시내에서는 교장 선생님 이하 동학년 선생님들의 도움으로 그런대로 학교생활을 할 수 있었다. 그렇지만 옮겨가는 학교에서는 해낼 자신이 없었다. 다른 사람들에게 피해만 줄 것 같아서 그동안 치료해주신 의사 선생님과 상의를 했다.

"그만둘 때 그만두더라도 나가 보세요. 환경이 바뀌면 나을 수도 있고 또 자기 일이 없어 활동하지 않으면 우울증과 대인 기피증까지 생길 수도 있습니다."

그 말을 듣고 나니 더 두렵고 불안해서 학기말 방학 내내 병에 시달리다 보니 병색이 더 짙어졌다. 임지 발령을 받고 전화로 사정을 말씀 드렸더니 잘 알았으니 어서 오기나 하라고, 전에 같이 근무했던 교장선생님과 교무선생님이 편하게 말씀해 주셔서 위로는 많이 되었지만 그래도 내 몸 상태를 아신다면 얼마나 실망하실까.

부임하는 날, 나를 보신 교장선생님은 깜짝 놀라시는 눈치였다. 여차하면 누워야 할 몰골이었으니 그러시고도 남을 만하다. 교장선생님은 다른 선생님들의 양해를 구한 후 저학년을 맡게 해주셨다. 그런 배려와 관심으로 큰 어려움 없이 학교에 적응할 수 있었다.

꽃샘추위로 초겨울 같았던 3월을 보내고 4월이 되면서 봄이 교실로 성큼 들어왔다. 교실 뒤쪽 언덕에 개나리꽃이 한바탕 군무를 추고 있고 먼 길을 걸어 등교하는 꼬마들 손에는 진달래가 한 묶음씩 들려왔다. 햇살도 따뜻해지고 청명한 날이 계속되자 불안하고 초조하던 마음은 조금씩 편안해지고 답답하기만 한 가슴은 조금씩 트이는 기분이었다. 학교 뒤편 실습지 울타리 밑으로 쑥이 쏘옥 올라왔다. 이곳저곳에서 파란 새싹들이 생명을 피워 올렸다. 솟아나는 연약한 새싹을 보는 순간 왠지 나도 힘이 솟았다. 무엇이든 해 낼 수 있을 것 같은 자신감과 용기 같은 것이 생기면서 마음과 머리를 무겁게 짓누르고 있던 걱정이 조금씩 사라지는 느낌이 들었다.

까짓 것, 무슨 걱정이냐! 그래 이곳에서 내 생활을 신나게 해보자. 아귀다툼도 필요 없고 악마 같은 인간들도 머릿속에서 지워버리자. 씨앗을 뿌려 작은 생명들과 함께해보자. 내 숨결을 그들의 생명과 접을 붙여보자.

즉시 호미를 찾아 들고 밭으로 나갔다. 학교 울타리에 붙어있는 조그만 밭은 학교의 실습지인데 버려진 채 풀밭이 되어 있었다. 처음에는 호미로 깔짝거리고 씨앗만 던져 놓는 농사일이었다. 하지만 심고 가꾸는 재미에 푹 빠져 이것저것 심다보니 밭이 점점 넓어졌다. 어느 곳이든 흙만 있으면 씨앗을 마구 뿌렸다. 어떤 기대도 욕심도 없이 그냥 뿌린 것 같다. 며칠만 지나면 쑥쑥 올라오는 새싹은 큰 즐거움을 주었다. 하루가 다르게 자라는 푸성귀들은 정말 큰 힘이 되었고 나는 마침내 환한 미소를 짓고 있었다.

학교에 도착하면 제일 먼저 가서 푸성귀들과 눈을 맞추고 교실로 들어갔고 맨 마지막에 인사하고 퇴근하는 곳도 텃밭이었다. 공기는 왜 그렇게도 맑고 상큼한지 마시고 마셔도 맛있고 달콤했다.

•• 아이들과 실습지 밭에서

선생님들은 나에게 부지런하다고 하는데 난 그저 그 생명들이 너무나 좋았다. 정말 예쁘고 사랑스럽고 봐도 자꾸만 보고 싶고…. 누가 이런 내 마음을 또 알까 싶다. 꽃 피고 열매 맺는 평범한 자연의 이치가 그때 내게는 왜 그렇게 특별했는지.

여름방학에도 물을 주기 위해 그 먼 거리에 있는 시골학교를 자주 갔었다. 비가 오면 텃밭에 나가 이야기를 나눈다. "시원해? 좋아?" 물어보는 나에게 푸성귀들이 우수수 대답한다. 싱싱한 웃음도 보여준다. 아이가 아프고 나면 더 영악해지고 훌쩍 큰다는 말처럼 푸성귀들도 비를 맞고 나면 쑥쑥 자라 더 탐스럽고 예뻐진다.

이상한 것은 거둬들이는 것은 별 재미가 없다는 것이다. 열매에는 별 관심이 없고 그저 파란 생명들만 좋다. 이제 한해살이를 마친 푸성귀들은 내년을 약속하고 자취를 감추었는데 울퉁불퉁 작고 못생긴 호박 몇 개가 누르스름하게 익어 울타리 밑에 뒹굴고 있고 새까맣게 변한 들깨 가지만 멀거니 서 있다. 수확이 목표가 아니었고 파란색으로 싱싱하게 쑥쑥 자라는 모습에 기운이 솟고 잡념이 다 없어졌다.

이 작고 힘없는 푸성귀들이 나에게는 어떤 약보다 더 훌륭한 치료제가 되어 주었다. 부임하고 지금까지 두어 번 정도 자리에 누웠고 가끔 한 번씩 통증에 시달렸지만 이 정도면 다 나은 거나 다름없으니 행복하다. 교장선생님을 비롯한 여러 선생님들의 이해와 동료 사랑이 없었다면 이렇게 건강을 되찾는 일은 있을 수 없었다. 평생 잊지 않고 감사하며 살아가려 한다.

이제 병원에도 가끔씩 몸 상태를 점검하러만 간다. "식물치료가 이런 것인가요?" 의사 선생님도 자가 치료 과정에 관심을 가져주신다. 완치된 다음에도 농사일을 어찌 해볼까 싶지만 엄두가 나지 않는다. 솔직히 다른 할 일이 많이 생겼다. 두 형제도 엄마를 더 필요로 한다.

내 인생의 특별한 봄날, 어떤 힘이 나를 흙으로 이끌었나 보다. "살고 싶으면 이리로 오라!"

1993년 10월 12일 화요일
정읍 ○○ 학교에서

그해 여름

통근 버스의 차창 너머로 고향마을이 보인다. 석양녘의 평화로운 풍경이다. 언제든 버스에서 내려 이십여 분만 걸으면 닿을 수 있는 거리인데 마음은 천리타향이다. 방학을 앞두고 있어서 그런가. 마음이 괜히 들뜬다. 그 옛날 여름에도 그랬었다.

어린 시절 여름방학이 되면 즐거운 일이 많았지만 무엇보다 시골집으로 내려갈 수 있는 게 좋았다. 공부에서 놓여날 수 있어 좋았고, 어머니의 잔소리를 피할 수 있어 좋았다. 그리고 무엇보다 갖은 어리광을 부려도 큰손녀라고 다 들어주시고 갖고 싶고 먹고 싶은 것 다 해결해 주시던 할아버지와 할머니가 있어 좋았다.

시골 할아버지 댁은 우리 집에서 거리로는 멀지 않았지만 그 당시에는 교통이 불편하여 자주 갈 수 있는 곳이 아니었다. 하루에 몇 번밖에 운행하지 않는 완행버스를 타고 구불구불한 길을 가야 했고, 버스에서 내려 또 한참을 걸어야 했다.

어머니가 끊어준 차표로는 읍내까지 갈 수 있었지만 나는 방앗간이 있는 낙수동落水洞 삼거리에서 내렸다. 언제부터인가 이 길을 걷는 걸 좋아했다. 잡화를 파는 작은 가겟집을 돌면 넓은 포플러 숲이 나타났다. 이 숲은 도시에 사는 성냥공장 주인이 성냥을 만들기 위해 어린 포플러 나무를 심었는데 어느새 자라 숲이 되었다고 할아버지께 들은 기억이 났다. 숲을 지나면 큰 냇물을 만났다. 보퉁이는 허리에 동여매고 양손으론 고무신을 벗어들고 건넜다. 모악산자락 아래 저수지에서 내려온 차디찬 물이 기분 좋게 정강이 정도를 찰랑거리며 흘렀다. 맑디맑은 물속 자갈엔 다슬기가 다닥다닥 붙어 있었다. 물이 깊어 어린아이들은 접근금지라는 둑길도 지나야 했다. 어머니가 할머니께 보내는 짐이 없으면 그렇게 빈둥거리며 시골집으로 향했다. 해가 질 무렵, 김제평야 너른 들 한가운데 자리 잡은 유정리라는 한적한 마을이 보이면 나는 그 풍경 속으로 바람처럼 달려들었다.

조부모님은 살림살이가 넉넉하신 편이셨다. 큰댁에서 분가한 후 열심히 일을 해서 농토를 많이 늘렸고 자식들 고생은 시키지 않을 정도가 되었다. 그렇지만 손이 귀했는지 자식을 많이 두시지 못해 자손들을 자유분방하게 키우신 모양이었다. 나를 대하는 것을 보면 알 법했다. 지금의 거침없는 성격은 어린 시절 조부모님의 그런 영향을 받아서인지도 모르겠다. 맏손녀인 나를 손녀가 아닌

손자로 취급해 주신 덕에 나는 남자아이들과 더 많이 어울렸다. 아이들이 모여 놀 때면 나는 여자아이들보다 남자아이들과 노는 게 훨씬 더 재미있었다. 회당 기둥을 타고 올라가 들보에 매달리는 여자아이는 나 혼자였고, 백 년 된 정자나무의 맨 윗가지까지 찍고 내려오는 여자아이도 그 마을에서 내가 유일했다.

겨울방학에는 연날리기, 자치기, 팽이치기, 못치기, 딱지치기, 비석치기. 썰매타기 등 거친 놀이로 남자애들과 어울렸다. 딱지를 접느라 벽에 걸어 놓은 새 달력은 몇 장 남지 않았고 나무토막으로는 자치기 도구를 만들고 심지어 못치기까지 하는 나 때문에 공구통의 귀한 대못이 남아나질 못했다.

할아버지께서는 손수 댓살을 깎은 다음 문종이로 쓰고 남은 귀한 창호지로 연을 만들어 주셨다. 그 솜씨가 얼마나 좋았던지 내 방패연은 다른 아이들 보다 훨씬 높이 올라갔다. 썰매를 만들어 주실 때에는 굵은 철사를 아궁이에서 오래 달군 다음 두드려 펴서 날을 만드셨다. 그렇게 만든 썰매는 논두렁 얼음 위를 잘도 미끄러져 나갔다.

그중에서도 여름방학 때 물놀이는 단연 압권이었다. 모악산자락 물줄기는 읍내에서 갈라져 낙수동과 유정리 앞으로 흘렀다. 유정리 앞 냇물은 농지에 물을 대는 수리시설로도 이용되어서 보가 설치되어 있었다. 때문에 흐르는 냇물은 적당히 깊었고 유리알 같이 맑고 깨끗했다.

김제평야의 풍년을 가져다주는 그 물가에서 우리들은 해가 쨍쨍 뜨는 날이면 약속이나 한 것처럼 모여들었다. 수영복이 뭔지도 모르는 아이들은 알몸으로 텀벙텀벙 뛰어든다. 수영이란 말도 몰랐을 우리는 그저 물속에서 무조건 움직이다 보면 뜨게 되고 물도 좀 많이 먹다보면 자맥질도 자연스럽게 몸에 익혔다. 그런데 그 재미난 수영을 나는 하지 못했다. 깊은 물속에 빠져 한번 놀란 뒤

•• 추억을 더듬으며 두 아들과 함께

로는 좀체 배우질 못했다. 다른 곳에서 얻었던 의기양양한 자신감은 물가에만 오면 기가 죽어 버린다. 그렇다고 가만히 있을 내가 아니었다. 살며시 얕은 물에 발을 담가보고 조금씩 깊은 곳으로 들어가서 무릎까지 물이 올라오면 살며시 앉아본다. 뒤뚱뒤뚱 중심이 잡히지 않아 꼬꾸라지려 하면 벌떡 일어선다. 아이들이 없는 한쪽으로 슬그머니 가서 땅을 짚고 엎드려본다. 개헤엄이라도 해야 하는데 땅 짚고 헤엄치기를 하고 만다. 가라앉을 것만 같아 무섭다. 몸이 물속에서 뜨지를 못하니 수영이 될 리 없었다.

그때 하지 못한 게 억울해 어른이 된 후 몇 번이나 강습을 통해 배워보려고 했지만 잘되지 않았다. 그래서 나는 지금까지도 수영을 못한다.

한여름을 그렇게 지낸 아이들은 눈동자만 빼곤 온몸이 먹물 빛이다. 검다 못해 반질반질 윤이 난다. 아이들은 물놀이에 싫증이 나면 고기를 잡으러 상류로 올라갔다. 도구는 두 손뿐. 몸매가 날씬하면서도 통통한 은백색 피리, 무지개색으로 고운 옷을 입은 날치, 모래 속으로 날쌔게 파고드는 모래무지, 물속을 이리저리 미끄러져 다니는 물고기들은 아이들의 장난감이다. 아무리 날쌔게 헤엄쳐 다녀도 결국 아이들한테 잡히고야 만다. 날마다 물속에서 사는 아이들은 물고기를 잡는 데 별 어려움이 없다.

나도 이 손낚시를 엄청 잘했다. 수면 높이로 몸을 낮추고 멀리 물속을 바라보면 물고기들은 맑은 물속을 빠르게 가르며 온다. 헤엄치며 내려오는 방향과 모습은 거의 같은 패턴이다. 한 지점에서 두 손을 모아 기다리다가 물고기가 가까이 오면 속도와 방향에 맞춰 모래 위로 살짝 덮친다. 그러면 기분 좋은 작은 요동이 손안에서 느껴진다. 모래와 함께 쥐어야 미끄러지지 않는 것이다. 여기저기서 물고기를 잡은 탄성이 들린다. 모래로 쌓은 웅덩이는 금방 고기로 가득 찬다. 해가 서산에 질 무렵, 고기잡이에 싫증이 난 아이들은 고기를 가두어 두었던 웅덩이의 한쪽 벽을 무너뜨려 고기를 다 놓아주고 고무신을 손에 들고 집으로 향한다.

할아버지 댁 싸리나무 울타리 밑으로는 작은 냇물이 흐른다. 아침에는 세면장, 점심때는 빨래터, 저녁에는 밥 짓는 부엌, 밤이 되면 공중목욕탕이 되는 다목적 장소였다. 장마가 시작되어 물이 불어나면 마루 밑 토방까지 물이 차오르면서 작은 붕어와 송사리가 마당까지 헤엄쳐 온다. 물이 빠지면 미처 빠져나가지 못한 물고기들은 닭의 모이가 되기도 하고 팔딱거리는 미꾸라지를 강아지가 장난감 삼아 놀기도 한다.

장맛비에 저수지의 수문을 열면 냇물로 크고 작은 물고기들이 많이 내려온다. 물의 양이 많아 하루 정도 물이 빠지기를 기다렸다가 물이 줄어들면 냇가의 양 둑에 통나무로 침목을 만들어 걸터앉아 물고기를 잡는다. 소쿠리를 물살 흐르는 방향으로 담그고 몇 분 기다렸다가 들어 올리면 붕어와 송사리가 소쿠리 가득 올라온다. 투닥투닥, 파닥파닥, 물고기들이 서로 부딪쳐 만드는 은빛 물결은 정말 아름답다. 그렇게 서너 번만 건져 올리면 큰 양동이로 하나 가득 된다. 붕어, 송사리, 꽃붕어, 납자루, 미꾸라지, 소금쟁이, 장수풍뎅이, 물땅땅이, 물자라 등. 냇가와 논에 살던 생물들은 한 종도 빠지지 않고 다 잡은 것 같다. 그 많은 물고기는 시래기를 넣어 매운탕으로 밥상에 올라오기도 하고 멸치처럼 뜨거운 물에 살짝 데쳐서 볕에 바짝 말려 보관하기도 했다. 할머니께서는 비린내 난다고 그만 잡으라고 하시고 할아버지는 어렵사리 잡은 고기를 돼지와 닭에게 부어주라고 하신다. 고기잡이 놀이에 푹 빠진 나는 아침나절부터 해 질 때까지 계속 잡아다가 돼지 먹이통에 부어주고 닭 모이로 마당에 뿌려놓기도 했다.

수문을 연 지 이틀 정도 지나면 이제 큰 고기를 잡을 때다. 작은 물고기 잡이는 언니들과 앉아서 할 정도로 쉬웠지만 큰 고기잡이는 마을 청년들을 따라 나서야 한다. 고기잡이 도구가 준비되면 오빠들은 나를 불렀다. 그 시절 마을 오빠들은 나를 참 예뻐해 주었다. 오빠들에게도 여동생들이 있었는데 유독 나만 데리고 다녔다. 도구래야 뜰망 한 개, 긴 장대 두 개, 양동이 두 개 정도면 되었다. 오빠들이 긴 장대 하나에 양동이 두 개를 걸어 둘이 들고 뜰망과 긴 장대 한 개를 나눠 들면 나는 빈손으로 촐랑촐랑 따라가기만 하면 된다.

좁은 논둑길을 앞서거니 뒤서거니 가노라면 갑자기 개구리가 튀어나오고 뱀이 나와 깜짝 놀라기도 하지만 비를 맞고 한층 더 싱그러워진 풀잎 사이로 메뚜기, 왕치, 사마귀들이 날고뛰는 광경은 활기 넘치는 모습이다. 큰 고기들이 살 만한 풀숲을 장대로 쑤시면 미끄러운 민물장어, 팔뚝만한 가물치, 입이 커다란 메기, 그리고 보약으로 쓰는 잉어도 풀숲 밖으로 나온다. 때를 놓치지 않고 그물을 갖다 대면 백발백중. 물속에 깊게 파여 만들어진 웅덩이에 뜰 그물을 대고 풀 속 이곳저곳을 발로 밟아 몰면 어른 손바닥만 한 큰 붕어부터 피리, 날치 등이 건져진다. 그물을 들어 올려 잉어나 가물치가 들어있으면 오빠들의 큰 환호성은 들판을 떠들썩하게 한다. 해마다 반복되는 고기잡이에 오빠들은 선수가 되어서 어디에서 무슨 고기가 몇 마리 정도 살고 있는 것까지 정확히 알고 있기 때문에 고기잡이는 짧은 시간에 마무리된다. 잡은 고기를 둑 가에 앉아 나눈다. 누구도 욕심 부리지 않고 필요한 만큼씩만 사이좋게 가져간다. 오빠들은 큰 풀줄기에 두어 마리씩 꿰어가고 나머지는 모두 나에게 준다. 나는 의기양양해져 집으로 양동이를 들고 갔다.

30년이 지난 어느 날 그곳에 문득 가고 싶어졌다. 통근을 하며 먼발치로 보기만 했었는데 직접 두 발로 걷고 싶어진 것이다. 그런데 아무것도 없다. 그때 그 사람들도 없고 시원하고 맑은 냇가도 없다. 낙수동의 포플러 숲은 온데간데없고 크고 작은 공장만이 자리 잡고 있다. 낯선 풍경이었다. 그래서 사람은 추억만 먹고 산다고 하는 것인가. 그립다. 그리워진다.

1997년 8월 7일 목요일
옛 생각에 젖은 여름 한 날

겨울의 길목

오른쪽 깜빡이를 켜고 큰아이 학교 정문에 차를 세운다. "다녀오겠습니다!" 인사말을 뒤로 흘리며 냅다 뛰어가는 아이의 뒷모습이 오늘따라 힘겨워 보인다.

이렇게 새벽같이 등교해서 자정이 될 때까지 무얼 그리 배우는지, 그렇게도 배울 것이 많은 건지…. 늘 잠이 모자라고 체력이 딸려 힘들어 하는 아이가 안쓰럽고 딱해도 어미로서 해줄 수 있는 게 아무것도 없다는 것이 속상하다.

등굣길의 짧은 시간도 활용하는 아이 때문에 켜지 못했던 라디오를 켜면서 장거리 운전자세로 고쳐 앉는다. DJ의 통통 튀는 멘트에 기분이 금세 가벼워진다. 라디오 속 남자는 항상 밝고 즐거운 일만 있는 듯한 착각을 주지만 ON-AIR에 불이 꺼진 후엔 어떤 삶을 살아갈까.

오늘도 신청곡과 함께 유쾌한 사연이 읽힌다. 신청자들 대부분은 젊은 층으로 자신의 신청곡이 나올 정확한 시간대까지 요구하는 걸 보면 놀랍다. 철저한 계획 속에 살아가는가 하면 반대로 쉴 때는 여유로움 속에 자신을 온전히 던지는 신세대들의 인생관이 부럽기만 하다.

우리집의 아침풍경은 톱니바퀴처럼 단조롭다. 일분일초를 다투며 분주히 움직인다. 그런데 라디오에서 사연을 띄우는 사람들은 그 바쁜 아침시간에 밥을 먹거나 화장을 하면서도 음악을 듣고 있다는 것인지. 오늘도 진행자는 정각 30분에 들려 달라고 한 신청자에게 4분이 늦어 미안하다는 사과 멘트와 함께 샹송 한 곡을 흘려보낸다. 이제 육십을 바라볼 여자 가수 이름이 생각이 나지 않지만 목소리와 음악은 친숙하다.

어느새 금산사 입구까지 왔다. 구불구불 오르막 산길은 천천히 오를 수밖에 없지만 대신 차 안으로 쏟아지는 늦가을 풍광이 보상으로 따른다. 이것을 글로 표현할 수 없으니 그저 전능하신 하나님이 아니고서는 이런 자연의 아름다움을 만들어 내지 못할 것이라는 고백밖에는 할 수 없다.

내리막길로 접어들면 빨갛게 익는 감이 주렁주렁 달린 감나무길이다. 넉넉한 마음의 마을 분들이 일부러 운치 있는 가을 길을 만들어 놓은 것인지, 아니면 일손이 바빠 손을 대지 못한 것인지는 알 수 없지만 마냥 좋기만 하다.

한 신문 기사에 영국 관광객이 한국의 가을풍경을 보며 신비한 세계라고 했던 게 생각난다. 그 관광객이 제일 신기해 한 것은 잎도 없는 앙상한 나뭇가지에 빨갛게 매달린 감이었다면서 하도 신기해 인공의 힘이 가해졌는지 의심이 되어 만져 보기까지 했다고 한다. '마지막 잎새'도 아니고, 피식 웃었던 기억이 난다. 하긴 아침 일찍 맑은 햇살에 녹을 것 같은 주홍빛 감과 그것을 감싼 산천은 형형색색으로 마치 데칼코마니를 연상하게 한다.

감나무 길을 조금 지나치면 작은 산골학교에 닿는다. 학교 앞으로 단풍나무 터널이 넉넉히 일 킬로는 이어져 있다. 빨강저고리에 파랑치마를 단정히 받쳐 입은 단풍이 산 위에서부터 수줍게 길 아래로 내려온다. 단체로 마실 나온 시골 처녀들 같다.

터널 숲을 지나치기가 아쉬워 속도를 잠시 늦춰본다. 감탄사를 연발하며 큰숨을 한번 들이쉬고 여유 있는 마음을 가져보려는 순간 갑자기 뒤에서 울리는 경적소리가 귀에 큰 통증을 안겨준다. '그래 바쁘면 먼저 가라.' 아예 비상등을 켜고 갓길에 차를 세운다. 이런 호사는 아침 일찍 등교를 시켜준 엄마에게 큰아이가 준 선물이라 여기니 마음이 한결 여유롭다. 이 좋은 경치를 나만 보고 말아야 하는 게 아쉽다. 토요일 오후 친구 몇을 불러 보여 주고 싶기도 하고 가족들과 함께 와 보고도 싶다. 내일이라도 이 풍경이 초겨울 바람에 흩날려 버릴 것 같아 마음이 울렁거린다. 조금만 더 있어다오.

지금 근무하는 학교도 사계절을 분명하게 알려주는 산으로 둘러싸여 있다. 봄이면 개나리꽃으로 울타리가 어우러지고, 여름이면 짙은 속눈썹처럼 숲이 울창해지고, 지금은 플라타너스 잎이 지르밟아도 눌리지 않을 만큼 켜켜이 쌓여 있다. 낙엽을 그냥 뒹굴고 흩날리게 두면 좋으련만 누구 지시인지는 몰라도 매일 아침 고사

•• 단풍터널 지나 저수지 옆 풍경

리 손들이 쓸어 한곳에 쌓아놓는다. 간밤에 내린 하얀 서리까지 묻은 낙엽을 토끼처럼 빨간 코를 하고 손을 입에 모아 불어가며 억지로 가을을 몰아내느라 수고하는 아이들에게 미안하기도 하다.

낙엽은 서리가 마르면 태우기로 한단다. 낙엽 타는 냄새를 맡게 되겠지. 오후에 접어들면서 바람이 일기 시작했다. 한곳에 모아 두었던 낙엽이 이리저리 뒹굴고 흩어지기 시작한다. 운동장은 온통 낙엽 천지다. '더 뒹굴어라, 더 뒹굴어!' 낙엽이 뒹굴수록 내 마음은 자꾸 허전해지고 추워진다. 무엇으로 이 마음을 채워야만 하나. 유리창에 빗방울이 하나 둘씩 부딪친다. 기어이 겨울은 오고야 마는구나. 플라타너스 잎은 뒹굴고 날리고 가지에 남아있는 낙엽은 떨어지고 유리창은 세차게 흔들리고 웅웅거리는 바람 소리에 맞추어 질러대는 꼬마들의 고함소리도 빗소리와 어우러지는 묘한 날이다.

퇴근길에 단풍터널을 또 지난다. 아침과 저녁의 단풍터널은 너무 대조적이다. 밝은 햇살에 비쳤던 그 아름다운 빛은 어디로 숨어버렸고 축축하고 어두운 그림자뿐이다. 조금만 더 있어 달라는 나의 바람도 아랑곳없이 비바람에 흔들리는 가지는 힘들어 보인다. 또 이렇게 한 해가 가는구나. 단풍잎 한 장이 핑그르르 돌며 차 앞 유리창에 살포시 앉는다. 너와 내가 이 가을 마지막 인연이구나. 올 가을엔 너 하나만 내 곁에 두고 싶다. 너 하나로만 족하고 싶구나. 단풍나무 터널이 뒤로 사라진다.

1993년 11월 4일 목요일

가을을 떠나보내기 아쉬워

고 여사 운전하다

이른 새벽이 너무 어두워 옆에서 뺨을 때려도 모르겠다며 정류장까지 바래다주던 친정어머니의 수고와 함께 완행버스 통근 5년. 완행보다 조금 나은 직행버스에 몸을 싣고 5년. 다시 비포장도로를 달리는 완행버스를 타고 2년. 마지막 2년은 한 시간을 더 걸어야 학교에 도착했었다. 그렇게 12년을 근무한 뒤에 그렇게도 고대했던 전주시내로 전입이 되었다. 지금은 5년 정도만 시골에서 근무하면 시내권으로 전입이 되는데 그때는 왜 그렇게 순환근무가 안됐는지 안타까울 따름이다.

직행버스에 의지하던 때 큰아이를 얻었고 왕복 2시간씩 걸어 출퇴근할 때 작은아이를 세상에 내놓았다. 그 시절은 승용차는 말할 것도 없고 대중교통 운행횟수도 적어서 자연히 통근버스는 항상 만원이었다. 좌석이 없는 날이면 그 먼 길을 서서 가게 되는데

다리도 아프고 몸도 힘들었다. 무엇보다 부른 배를 내놓고 남들 앞에 서 있는 것도 창피한 노릇인데 차가 흔들릴 때마다 중심을 잡느라 애쓰는 것은 엄청난 중노동이었다. 지금이야 노약자와 임산부를 배려하는 문화가 생겼지만 그 시절은 버스 안에서도 담배를 피우던 때였으니 오죽했으리오. 더구나 “하나만 낳아 잘 기르자.”란 인구 억제정책이 시행되던 때여서 임산부들은 당당하지 못했고 직장에서는 상사나 동료의 눈치를 봐야 하는 이중고를 겪었다.

비가 오는 날이면 젖은 옷이 남산만 한 배에 쫙 달라붙은 형상은 정말 스스로 생각해도 측은했다. 눈보라가 치는 날이면 허허벌판을 걷기 위해 눈만 빼꼼히 내놓고 몸 전체를 칭칭 감아 완전무장을 하고 세찬 겨울바람에 밀려 뒤로 걷다 앞으로 걷다가, 그렇게 한참 걷다보면 몸에서는 땀이 나지만 얼굴은 찬바람에 얼어붙는 그런 혹독한 겨울을 나기도 했다.

전주로 전입한 후로도 출퇴근길 대중교통이 여의치 않아 자전거에 의지하게 되었다. 앞에는 작은아이, 뒤에는 큰아이를 태우고 차도로 질주를 하였다. 두 아이를 자전거 앞뒤에 태우고 대로를 거침없이 달려 먼저 작은아이를 친정집에 맡기고, 큰아이를 유치원에 데려다 주고 학교로 향한다. 퇴근길은 출근코스의 반대로 유치원에 먼저 들러 큰아이 먼저 뒷자리에 태우고 친정집 동네골목에서 놀고 있는 작은아이를 찾아 앞자리에 태워 장까지 본 후 집에 오면 깜깜한 밤이 된다. 피곤한 건 아무것도 아니다. 겨울철 빙판길에 넘어져 셋이 모두 팔꿈치가 깊이 패고 무릎에 타박상을 입은 사고도 여러 번 겪었다. 사고가 난 날에는 아이들이 가위에 눌리기도 했다. 그때 다친 내 손등에는 지금도 흉터가 남아 있다. 자전거 앞뒤로 씩씩한 아들 둘이 바람막이를 해줘서 엄마는 춥지 않겠다는 동료 선생님들의 농담도 귓가로 흘려가면서 아이들과의 출퇴근길을 그렇게 견뎌냈다.

그러다 큰아이가 초등학교에 입학을 하고 작은아이가 자라서 자전거로는 아이들을 감당할 수 없었다. 부쩍 늘어난 승용차로 인해 도로 사정도 위험해져 뭔가 결심을 해야 했다. 마침 몇 명의 남자 선생님들이 운전을 배우기 시작해서 나도 퇴근 후에 운전을 배우기 시작했다. 일찍부터 남편은 승용차를 운전했고 나는 조수석에서 눈동냥으로 배웠는지라 운전에 별 부담을 느끼지 않고 도전했다. 우리 시간대에 1톤 트럭을 모는 여자는 내가 유일했다. 내 차례를 기다리는 동안에 연습용 승용차를 승낙 없이 집어타고 연습장을 막 돌아다녔다가 강사에게 난폭운전사가 되겠다는 핀잔을 듣기도 하는 등 우여곡절이 있었지만 어쨌든 나는 1종 면허를 한 번에 따냈다.

애초에 남편한테 운전연수를 받는 게 아니었다. 운전대를 꽉 붙잡고 고개가 굳어질 정도로 앞만 뚫어지게 바라보느라 사이드미러를 볼 여력도 없고, 수동기어라서 변속도 해야 하는 것은 알겠는데 타이밍을 맞추지 못해 차는 앞뒤로 터덕터덕, 옆에 앉은 남편은 엔진 소리만 들어도 변속해야 할 시점을 알아야지 뭐하는 거냐고 야단이지만, 무슨 소리를 하는지 들리지도 않고 덜덜 떨기만 했다.

그렇게 운전대를 잡고 한 시간째 바짝 얼어붙어 있었다. 시속 40km는 왜 그리도 빠른지 자동차가 날아 갈 것만 같았다. 저만큼 멀리 있던 사람들이 금방 내 곁을 스치고 지나가는가 하면, 뒤에서는 늦게 간다고 빵빵거리고, 네거리가 나오면 좌회전 우회전 깜빡이가 헛갈리고 차선을 옮기지 못해 직진만 하고 있다. 평소 자상했던 남편은 어디로 가고 악마 중에 악마가 내 옆에서 여태 들어보지 못한 괴성을 내지르며 짜증나는 잔소리를 쏟아 붓고 있는데 내 자존심은 이미 도로 위에 떨어진 지 오래고 더 이상은 화도 나고 창피해서 견딜 수가 없었다.

"에라~ 안 하고 말지. 더러워서 더 이상은 못 하겠다!" 차를 아무데나 세우고 문을 열고 나와 버렸다. 씩씩거리며 무작정 걸어가는 내 뒤에서 끝까지 잔소리다.

"오른쪽 깜빡이를 켜놓고 한쪽에 세워야지, 이게 뭐하는 짓이야?"

머리끝까지 화가 나고 속이 상해도 입 밖으로는 한마디도 내뱉지 못할 만큼 자존심이 상했다. 다시 연습해 보자는 남편의 권유를 뿌리치고 앞으로 절대 남편에겐 운전을 배우지 않겠다는 각오를 다지며 지나가는 택시를 집어타고 집으로 돌아와 버렸다.

그런 일이 있고 난 후 보란 듯 딴 운전면허는 10년 동안 장롱면허가 되어버렸다. 운전에 자신이 없어졌고 운전할 생각만 하면 겁도 났다. 한편으로는 남이 하는 일은 다 해보고 싶은 욕심도 꿈틀거렸고 아이들 등하교가 너무 불편하고 고생스러워 운전에 대한 미련은 버리지 못한 상태였다. 그렇게 불편한 생활을 감수하며 그럭저럭 10년의 장기근속을 마치고 시외로 나가게 되었다. 다행히도 먼 곳으로는 발령이 나지 않았고 게다가 교감선생님의 배려로 카풀을 해서 편하고 재미있게 반년을 잘 다녔다.

그러던 어느 날 뉴스를 보다 운전에 대한 욕심이 생겨났다. 운전보험 가입자 중 여성운전자들이 20~30% 정도 된다는 내용이다. '이런 시대에 왜 나만 운전을 못해?' 스스로 용납할 수 없는 일이었다. 남편과는 상의도 하지 않고 덜컥 차부터 계약해 버렸다. 차에 관한한 남편과는 영영 남남이었으므로 시내연수를 받을 강사와도 3일간 스케줄을 잡았다.

역시 돈 내고 배우길 잘한 것 같다. 강사는 화도 내지 않고 칭찬까지 간간이 해주어 운전연수가 아닌 여유 있는 드라이브를 즐긴다고 느낄 정도였다. 첫째 날은 시외의 한적한 외곽도로로, 둘째 날은 내가 다녀야 하는 출퇴근길로, 셋째 날은 신호등이 복잡한 시내도로를 달렸다. 그렇게 잔소리도 듣지 않고 스트레스도 없는 3일간의 연수를 유쾌하게 마쳤다. 그런데 문제는 3일 연수로는 아무래도 부족한 것 같았다. 그래서 자존심을 던져버리고 남편의 차로 출퇴근을 시도했다. 문제는 없었다. 조수석에 남편이 앉아있는 것만 빼고는 말이다. 참자, 일주일만 참으면 나 혼자 음악을 들으며 상쾌하게 달리게 되겠지, 그런 상상으로 심호흡을 한 다음 남편을 차에 태우고 새벽에 집을 나섰다.

출발도 아직 익숙하지 않았다. 클러치에서 발은 왜 그렇게 빨리 떨어져 시동은 자꾸 꺼지고 오르막에서는 차가 뒤로 밀리기 시작하자 온몸에 땀이 쫙 흐른다. 좌우는 볼 엄두도 안 나고 앞만 뚫어지

•• 기죽어 연습한 남편의 자동차와 한 컷

게 보며 운전대를 꽉 잡은 것은 10년 전이나 지금이나 똑같았다. 기어 변속은 남편이 큰소리를 해야 겨우 덜덜거리면서 바꾸고, 그러면서 또 남편에게 창피하기도 하고 결국 괜히 시작했나 하는 후회도 밀려들고 주눅이 꽉 들어 더 이상은 못할 것 같고 죽을 맛이었다.

그러나 지금 하지 않으면 평생 다신 운전을 하지 못할 것 같았다. 차츰 잘 하겠지, 남들 다 하는 걸 왜 내가 못해! 오기가 슬슬 발동했다. 운전 감각이 있다고 강사로부터 칭찬도 들었던 내가 아니던가. 그런데 운전연습을 하는 동안은 부부가 아니었다. 강사에게 칭찬 받았다고 슬쩍 자랑을 했다가 감언이설을 구별도 못하느냐는 핀잔만 들었다. 속이 부글부글 끓었다. 어떤 부부는 남편에게 운전을 배우다가 이혼할 뻔도 했다는 우스운 이야기가 사실일지도 모를 일이었다.

일주일 후 차가 나와 어쩔 수 없이 혼자 출근길에 나섰다. 부담백 배! 덜덜 떨며 겨우 도착해서 차를 주차시키고 나면 안도의 한숨과 함께 나 자신에게 위로의 말을 건넸다. '잘했어, 아주 잘했어, 더 잘할 수 있을 거야.' 퇴근시간, 작은 흰색 차를 바라보자니 한숨이 절로 나온다. 저걸 끌고 또 어떻게 길을 나서나? 사정을 말하고 조금 일찍 퇴근했다. 차량이 좀 적어야 그래도 덜 무서울 것 같아서인데 그러나 도로는 어느새 차량으로 꽉 메워져 있다. 나를 추월해 가는 운전자가 그리 고마울 수가 없다. 뒤창에 "완전초보"라는 딱지를 보고 나를 많이 봐 준 것 같다. 차선을 바꾸지 못해 다른 차에 밀려서 어떻게 온 줄 모를 정도로 정신없던 날, 어스름 저녁이 되었는데도 라이트를 켜지도 않고 용케 집으로 돌아 온 날 등, 방어 운전에 힘써준 모든 운전자 분에게 감사한 마음이 들 정도였다.

이제는 자가운전 5개월째로 접어들었다. 오늘도 두 아이를 차례대로 학교 앞에 내려주고 금산사 약수까지 한 통 받아 싣고 여유있게 출근을 했다. 날 그렇게 구박하던 남편을 한 번 태우고 멋지게 드라이브 시켜줘야 하는데 남편은 오래 살고 싶다는 농을 던지며 타려고 하지 않는다. 언젠가는 이 작고 귀여운 내 달구지에 타게 될 날이 오겠지. 웃음이 절로 번진다.

1993년 4월 24일 토요일
초보운전 딱지를 떼고

1인 4역

오월 날씨 같지 않게 잔뜩 흐리다. 아니, 비구름을 잔뜩 머금은 이 날씨 또한 오월의 본 모습일지도 모르겠다. 계절의 여왕이라고 맑은 얼굴만 내내 보여주진 않겠지. 요즈음의 내 마음과 얼굴을 닮은 것도 같다. 나는 지금 일도 가장 많이 하고 보람도 가장 많이 느끼며 살아간다는 사십대 중반이다. 하지만 해야 할 일이 너무 많다. 하루에도 몇 번씩 무엇에 쫓기는 것처럼 초조하고 불안해 호흡까지도 가빠지려 한다. 하지만 할 일이 없으면 오히려 불안해지는 건 왜일까.

가만히 있으면 오히려 불안해지는 이런 마음 상태는 언제부터였는지…. 우리 부부는 신혼 초부터 주말 부부로 20여 년을 살아왔다. 언제까지일지는 잘 모르겠지만 한동안은 이런 식으로 살아야 하는 것만은 확실해 보인다. 남편의 직장 특성상, 내가 일을 그만

두지 않는 이상 어쩔 수 없는 노릇이다. 우리 부부가 사는 것을 보며 동정의 시선을 보내는 사람도 있지만 적어도 나는 불편함을 전혀 모르고 살아왔다. 어려움도 있었지만 이 상황을 즐기려고 노력해 왔다. 어느 가정이건 장단점이 있기 마련이라고 생각하면서 말이다.

가정경제와 집안의 자질구레한 일 등은 내가 대부분 해결하는 편이었고 남편은 이런 나를 믿고 직장 일에만 더욱 충실했다. 어렵거나 힘든 일도 아니었다. 두 아이들도 엄마의 가르침에 순응하며 올바른 길에서 한 점 빗나감이 없이 건강하게 잘 자라주었다.

그런데 세월이 흘러감에 따라 조금씩 어려움이 생겨난다. 나이를 먹어서일까. 문득문득 체력에 한계를 느끼기도 하고 어떤 친구의 표현을 따르자면 서슬이 퍼렇다고 할 정도로 컸던 자신감도 수그러드는 것도 같고, 예전 같으면 금세 해치웠을 작은 일도 넘지 못할 산마루를 올려다보듯 의욕이 꺾여버리고 만다.

아이들이 커감에 따라 뒷바라지할 일도 많아졌고 가정의 대소사도 건수가 많아져 몸과 마음이 피곤하기 짝이 없다. 학교에서는 연수 일수도 부쩍 늘어났으며 시대 상황에 맞는 교육 환경을 위해 교사 각자의 노력을 더욱 요구하는 형편이다.

'귀찮다… 귀찮어!' 하는 생각이 불현듯 들 때면 남편에게 일을 분담하자는 제의와 함께 그 밤으로 구체적인 안까지 짜낸다. 이런 나를 보면서 남편은 묵묵히 동의하지만 아침이 되면 실천이 불가능하다는 것을 우리 두 사람은 말을 하지 않고도 알게 된다.

아이들 양육 등의 집안 살림은 당연히 아내 몫이라 하겠지만, 직장생활을 병행하면서 세금납부부터 각종 서류를 챙기느라 관공서를 드나드는 일까지 다 하기에는 시간적으로 육체적으로 벅차다. 또한 큰아이가 고등학교로 진학을 하면서 요즈음은 등하교 문제도 큰 일이 되었다. 아침 7시부터 밤 11시 30분까지 학교에 있어야 하는데 등하교를 부모들이 책임져야만 한다. 하루 종일 수업을 하고 와서 둘째 아이를 챙기고 집안일을 잠깐 하는 것 같으면 어느

•• 두 아들과 함께 대둔산에서

새 큰아이를 데리러 가야하는 시간이 된다. 추운 겨울에는 하루 종일 교실에서 떨고 돌아와서 따뜻한 아랫목에 몸을 누이고 싶은 맘이 굴뚝같지만 혹여나 깊은 잠이 들까봐 거실 소파에 비스듬히 앉아 눈꺼풀을 꼬집어 가며 버티는 시간이 얼마나 힘이 드는지….
"몸은 늙어가고 시집살이는 젊어간다."라는 말이 있는데 어찌 그리 내게 딱 맞는 말인지 모르겠다. 살림살이에 지친 한 며느리가 살림을 다 팔고 도망치면서 "저기 살림 쫓아오는가 봐라!"라고 했다던가.

어제는 교육자의 날이었다. 선생님들이 한자리에 모여 체육대회도 하고 단합을 다지는 시간이었다. 그렇지만 나는 그 행사장에 참석하지도 못했다. 관공서 여러 곳을 방문해서 해결해야 할 일들이 많아서 점심도 거른 채 일을 보아야 했다. 그렇게 정신없이 돌아다니다 집에 와보니 아이들이 벗어 놓고 나간 낡고 철지난 옷가지에 그만 마음이 쓰인다. 곧바로 쇼핑을 나갔다. 시간이 많이 허락되지 않아 허둥지둥 몇 가지 옷을 골라 오기는 했으나 왠지 걱정스럽기도 하다. 큰아이는 옷에 대해서 보는 눈이 있고, 작은아이는 까다로워서 다른 사람이 골라주는 옷을 잘 입지 않는 편이기 때문이다. 작은아이가 먼저 돌아왔지만 옷을 내놓지 않았다. 분명 트집을 잡을 것 같아서 매도 한꺼번에 맞자는 심정으로 큰아이를 기다렸다. 큰아이가 들어와 쇼핑백을 내놓자마자 아이들 표정이 시큰둥하다. 자신들이 원하는 브랜드가 아닌 것이다. 마음에 들지는 않지만 그렇다고 내팽개치기에는 아깝다는 표정으로 옷가지만 매만지는 녀석들을 보니 마음이 짠한 한편 바쁜 엄마의 마음을 몰라

주는 것도 같아 섭섭하다.

엄마로서 아내로서 나아가 가장 노릇에 선생님 역할까지 1인 4역을 하다 보니 며느리와 딸 노릇은 아예 잊고 사는 것 같다. 시댁이나 친정에 전화 한 통 해야지 하는 마음도 고단하고 지친 몸을 추스르는 통에 그만 잊어먹기 일쑤이다.

일의 절반을 뚝 떼어 남편에게 주고 싶은 마음은 간절하나 남편도 이러지도 저러지도 못 할 형편이란 걸 인정해야 할 때면 우울하기까지 하다. 어차피 일복을 많이 타고난 운명이라 생각하고 열심히 살아가는 길밖에는 다른 방법이 없을 것 같다고 위로해 본다. '그래, 이 또한 건강한 몸을 받았기에 가능한 축복 아니던가!'

오늘도 큰아이의 심화학습이 끝나는 시간에 맞추어 늦은 밤에 운전을 해야 한다. 노곤한 몸에 자꾸 감기는 두 눈을 치켜뜨면서 말이다. 석양이 붉게 비쳐드는 교실에서 채점지로 눈을 돌려 세운다. 색연필을 쥔 손에 힘이 들어간다.

1994년 5월 20 금요일

정읍 ㅇㅇ초등학교 4학년 교실에서

약수터에서

환경오염이 걱정이다. 급기야 몇 번의 정수와 소독을 거쳐 가정으로 보내지는 수돗물도 20분 이상을 끓여 먹어야 한다고 한다. 뉴스에서는 생수병이 가득한 화면을 내보낸다. 곧이어 물통을 들고 나선 사람들이 긴 줄을 이루고 있는 유명 약수터의 풍경을 보여준다. 나는 뉴스의 정보를 신뢰하는 편인지라 마음을 놓고 있을 수는 없다. 또 지은 지 십여 년이 되어 가는 우리 집은 수도꼭지를 틀면 처음에 몇 초간 녹물이 흘러나와서 꺼림칙했던 터였다. 아무래도 먹기에는 부적합한 것 같아 바로 대책을 세웠으니 약수터의 물을 공급하는 것이었다.

처음에는 일요일에 근교의 유명한 약수터에 가서 20리터 통으로 네 개를 받아온다. 하루만 지나도 대장균이 번식한다는 상식도 무시한 채 수돗물보다는 나으려니 하고 식수로만 끓여먹었다. 그렇게 일주일을 버텼는데 오랫동안 보관한 물이 아무래도 개운치가 않았다. 그러던 중에 좋은 정보를 하나 얻어 들었다. 중인리에서 금산사로 가는 고갯길 정상 부근에 좋은 약수터가 있다는 것이다. 마침 그 길로 출근을 하는 터라 더 없이 반가운 정보였다. 그러고 보니 이른 아침 출근시간에도 그 부근엔 항상 몇 대의 차들이 주차되어 있어서 궁금했는데 이유가 있던 거였다.

다음날 퇴근길에 답사 차 약수터로 가보았다. 아침보다 차들이 많았다. 갓길에 주차를 하고 물통 한 개를 들고 좁은 산길을 이삼 분 정도 내려가니 약수터가 보였다. 네댓 명이 기다리고 있었고 크고 작은 물통들이 줄지어 놓여 있었다. 두개의 파이프에서 물줄기가 흘러나오는데 그중 물줄기가 약한 쪽에 유독 줄이 길었다. 궁금해서 앞에 서 있는 중년의 남자 분에게 물어보니 '약한 물줄기는 돌 틈 사이에서 흘러내려와 더 맑고 깨끗할 것 같아서'라고 말해 준다. 절로 고개가 끄덕여졌다. 그러니까 정수기로 치면 필터를 하나 더 달린 쪽의 물을 선호한다는 말이렷다. 시간이 지날수록 물통을 든 사람들이 더 많이 약수터로 내려오고 있다. 한 시간쯤 기다려 한 통을 받아 싣고 나니 마음이 홀가분하고 부자가 된 듯 뿌듯하다. 이제 식수걱정은 한시름 놓았다.

그렇게 퇴근길에 한 통씩 받자니 아이들 학원 시간과 저녁식사 시간이 맞지 않아 마음이 항상 바쁘고 불편해졌다. 아침 출근을 조금만 더 서둘러서 약수터에서 물을 받기로 했다. 몸과 마음이 더 바빠졌다. 집에서 조금 늦게 출발한 날은 서두르다 약수터에 도착하여 차키를 빼지 않고 문을 닫아버린 적도 있었다. 지나가는 덤프트럭을 세워 시내까지 와서 택시를 타고 집에 가서 비상키를 가지고 다시 약수터까지 택시를 타고 갔던 일도 있었다. 웃긴 것은 집을 왕복하는 그 와중에도 내 손에는 빈 물통이 계속 들려 있었다는 것이었다.

그날은 차가 한 대밖에 없었다. 다른 날보다 더 빨리 받을 수 있을 것 같은 홀가분한 마음에 왠지 기분이 좋아진다. 맑은 하늘에 눈부신 늦은 봄의 아침햇살이 숲 속 나뭇가지 사이로 강하게 뻗어 내리고 있다. 이른 아침 맑은 공기는 상큼함을 넘어 맛깔스럽기까지 했다. 몸속에 들어있는 찌꺼기가 몸 밖으로 쓸려나갈 것 같은 이 상쾌함, 심호흡을 깊게 하며 가족 모두가 깨끗한 물을 먹는다는 뿌듯함으로 뛰어 내려갔다.

약수터에는 한 청년이 물통에 물을 반쯤 받고 있을 뿐 아무도 없었다. 청년의 물통에 채워지는 물을 무심히 바라보고 있는데 갑자기 무섭고 이상한 생각이 들기 시작했다. 사방이 산으로 둘러있고 인적이 없는 이곳에 저 청년과 나 둘만 있다! 저 청년이 갑자기 야수로 변하면 어떻게 할까, 라는 상상을 하자마자 심장이 빨리 뛰기 시작했다. 맥이 점점 더 요동을 친다. 치한으로 돌변할지도 모를 청년으로부터 뒷걸음질을 해서 조금 멀리 떨어져 본다. 흥분이 쉽게 가라앉지 않는다. 생각을 바꿔보기로 한다. 물줄기만 멍하니 바라보고 있는 저 착한 사람을 이상한 사람으로 만들려고 하다니, 지금 무슨 상상을 하는 거야, 죄 받는다 죄!

'아니야, 아냐. 사람을 어떻게 믿겠냐? 빨리 이곳을 떠야지 뭐하고 있는 거야? 아냐 내가 뛰면 저 청년은 더 빨리 쫓아 올 텐데….
그럼 어떻게 해야 하지?' 뛰는 내 가슴과 긴급한 대화를 나눈다. '갈까, 말까? 허튼짓만 해봐라, 너도 멀쩡하지는 못할 거야!' 갑자기 부스럭 발자국 소리가 난다. 여차하면 도망갈 자세를 하고 청년 쪽을 바라보았다. 청년은 무덤덤한 표정으로 물통의 뚜껑을 닫고 있었다. 어라, 청년은 내 물통을 물줄기 밑에 놓아주는 친절과 함께 상냥한 인사까지 남긴다.

"먼저 갑니다!" 인사도 제대로 받지 못하는 내 곁을 지나 그 청년은 성큼성큼 멀어져갔다. 뛰던 가슴이 조금씩 가라앉으면서 미안한 마음이 든다. 고개를 들어 위를 바라보았다. 짙게 우거진 나뭇잎 사이로 하늘은 손바닥만큼밖에 보이지 않았다. 깊은 산속에 나 혼자임을 느끼는 순간 다시 공포가 되살아난다. 물줄기는 오늘따라 왜 이렇게 가늘게 흘러 내려오는지.

싱그러운 바람에 흔들리는 밤나무 가지가 마치 소복 입은 귀신 형상으로 보이기도 하고, 나무 뒤에 숨어있던 산적이 흉기를 들고 나타날 것 같기도 했다. 몸이 오싹오싹, 목이 바싹바싹. 몸을 숨길 만한 곳을 찾아 두리번거렸다. '아니지, 발소리를 듣고 누가 나타날지도 몰라. 한발짝도 꼼짝 말자. 어서어서 채워져라. 내가 다신 오나 봐라. 시궁창 물을 먹어야 한다고 해도 다신 안 올 테다!'

물이 다 받아졌다. 뚜껑을 닫으려 엎드리는데 누가 나를 꼬꾸라뜨릴 것만 같다. 물통을 들고 한발 떼려는데 누가 내 목덜미를 잡아당기는 것만 같아 목이 뻣뻣해진다. 발보다 콩알 만해진 마음이 앞서간다. 도망치고 싶어도 발이 안 떨어지는 꿈속만 같다. 도로가 보이고 차가 보이니 이제야 마음이 놓인다. 불과 이십여 분의 시간이 악몽에 시달린 밤처럼 길게 느껴진다.

그 일이 있고 한동안 약수터에 가지 않고 수돗물을 끓여 먹었다. 그런데 녹물의 양이 점점 많아지는 것 같다. 그것에 비례해 식수에 대한 불안감도 가중되었다. 약수터 생각이 샘물처럼 조금씩 솟아난다. 어느 토요일 퇴근길, 정체 모를 무서움을 완전히 떨쳐내지 못한 상태에서 약수터에 잠시 들러보았다. 주말이라 그런지 평소보다 많은 사람들이 줄을 서 있었다. 동동주와 안주를 파는 아주머니도 보였다. 기다리는 무료함을 달래주는 자리까지 생겼다. 마음이 편안해졌지만 아쉽게도 물통이 없었다.

월요일 아침, 물통을 실으며 주차된 차 대수를 보고 약수터로 내려가기로 마음먹고 출발했다. 승용차 두 대가 주차되어 있다.

'애매한데… 한 명이 가버리면… 에이, 사람들이 또 오겠지 뭐….'

이른 아침이라 동동주 아주머니도 아직 자리를 펴지 않았다. 그런데 약수터로 내려가 보니 물을 받고 있는 사람은 한 명뿐이었다. 뭐지? 난데없는 불안감이 몰려들고 무서운 마음이 들기 시작했다. 물을 받고 있는 남자는 나를 한번 힐끔 째려보더니 눈을 돌려버렸다. 매서운 눈매에 딱딱한 인상이었다. 한 명은 어디 있는 거지? 마음속에서 추리소설이 만들어진다. 2인조 중 한 명은 숲 속에 잠복해 있는 것이 틀림없어! 청아한 물소리와 이른 아침의 상쾌한 공기 속에서 나는 왜 까닭모를 불안과 무서움에 떨고 있는지. 억울하기까지 했다. 그때 바스락거리는 소리가 들렸다. 소스라치게 놀라며 뒤를 돌아보니 거무스레한 얼굴에 곱슬머리의 건장한 체격의 남자가 담배를 입에 물고 산에서 내려오고 있다. 첩첩산중, 난형난제였다. 매서운 눈매의 이 남자는 저 사람에 비하면 온순하다 할 정도로 담배 피는 남자는 완전범죄형이었다. 먼저 온 남자의 물통 두 개가 거의 채워져 가고 있다. 곧 범죄형 인간과 단 둘만 있게 되는 상황이 다가오고 있었다. 그냥 갈까?

"바쁘시면 먼저 받으시지요." 걸걸하고 탁한 소리에 또 한 번 깜짝 놀랐다. 내 심장이 진짜로 오그라들고 말겠다. 불안해하는 내 모습이 바빠서 서두르는 모습으로 보였던 것인가. 친절한 마음씨의 소유자를 범죄자로 몰다니 미안하기도 했다.

"고맙습니다. 출근길이라… 그럼…." 말끝을 흐리며 물통을 들이밀었다. 그 남자는 다시 저만큼 가서 담배를 피워 물었다. 아직도 불안한 나는 눈길은 물통에 귀는 남자 쪽으로 집중시키고 있었다. 양보를 하고 물러서 있는 한 남자와 불안한 마음을 숨기고 있는 한 여자가 작은 약수터에 서 있었다. 그 풍경 속으로 부드러운 바람이 불어왔다. 잎사귀들은 우리 둘의 이야기를 소곤거리듯 팔랑거렸다. 햇살이 한층 밝아졌고 어느덧 두 개의 물통이 다 채워졌다. 남자에게 가벼운 목례와 함께 미안함을 듬뿍 담아 고맙다는 인사를 했다. 트렁크에 물통을 싣고 안전벨트를 매고 나니 작은 웃음이 입가에 번진다. 내 마음이 많이 오염 되었나보다. 계속 웃음이 터져 나왔다. 그리고 그 후 숲 속의 작은 약수터를 간 기억이 전혀 없다.

1994년 5월 12일 목요일

정읍으로 출근하는 길 약수터에서

선거바람

바야흐로 선거의 계절이다. 남들이야 건물외벽의 대형걸개그림이 공해일지는 모르지만 나는 형형색색의 구호와 역동적인 사진들이 마음에 든다. 내 마음도 선거바람을 타고 있는 것이다. 저 선거포스터 속의 사진이 내 사진이었다면…. 이루어질 수 없는 일에 마음이 가는 것이 스스로 생각하기에도 좀 우습다. 무엇을 꼭 움켜잡아야만 마음이 채워질 것만 같은 이 공허함은 무엇이란 말인가.

풀뿌리 민주주의를 꽃피우는 지방선거에서 모두가 자기가 최적임자이라고, 뽑아만 주시면 머슴이 되겠다고 읍소하거나 일단 되고 보자는 식으로 허황된 공약을 남발하고 있다. 출퇴근길을 통해 잠깐 보는 정도지만 선거차량에 올라가 표를 애원하는 후보자들을 보면 재미있기도 하다. 그들의 동작을 유심히 보고 있자면 자신감이 남다른 사람들 같다. 아니면 넉살좋은 유전자를 타고났거나 앞에 나서길 잘하는 리더십이 강한 사람들일 것이다.

우리는 정치를 싫어하고 정치인을 혐오하는 경향이 있다. 나도 보통의 국민들과 생각이 다르지 않다. 그런데 어느 때부터인가 생각이 달라졌다. 정치는 우리의 삶과 직접 연결되어 있다. 피할 수 없으면 즐기라고 했는데 나는 선거라는 절차를 통해 민주주의의 일꾼을 뽑는 과정을 긍정적으로 보고 있다. 지자체장이나 지방의회에 거는 기대도 큰 편이다. 국민세금 좀먹는 도둑놈들만 양산될 뿐이다, 라는 부정적인 평가도 있지만 해보지 않고는 그 결과를 알 수 없지 않은가.

내가 하면 잘할 수 있습니다! 한번 힘차게 밀어주십시오! 이런 구호를 외치며 나도 좀 정치판에 끼어보고 싶다. 채워지지 않는, 아니 아예 이뤄지지 않는 꿈일 뿐이다. 그런데도 나는 왜 로고송이나 연설을 들을 때면 가슴이 뛰는 것일까? 정의로운 것을 좇고 원칙을 좋아하고 화통한 성격인 것은 자타가 공인하지만 정치인의 삶을 꿈꾸고 있는 줄은 나 자신도 몰랐다. 어느 날 불쑥 이런 생각이 드는 것이 아닌가. '누구는 세상에 태어나 저런 일도 해보는데 나는 세상에 왔다가 보잘 것 없는 존재로 살다가 흔적도 없이 사라지고 마는 것인가.'

곰곰이 내 자신을 돌아본다. 남들 보다 잘하는 것이 딱히 없다. 예체능 어느 것에도 신통한 재주도 없다. 정의감이 남다른 것 같지도 않다. 불합리한 것을 보면 못 참는 성격이지만 그것만 가지고는 정치인 재목이라고 볼 수 없겠지.

한 정치관련 연구소의 논문 중 일부가 생각난다. 이런 설문이 있었다.

> 당신에게 한 국가의 최고 권력을 만들 수 있는 능력이 주어진다면 당신은 다음 중 어떤 위치를 원하십니까?
>
> ① 아내의 위치에서 남편에게
> ② 어린 시절의 위치에서 친정아버지께
> ③ 어머니의 위치에서 아들에게
> ④ 현재의 나에게

서양 여성들은 대부분 남편에게 영광을 주겠다고 했고, 동양인들 그중에서도 한국 여성들은 대다수가 아들을 선택했다고 한다. 역시 한국여성의 한없는 모성애와 열렬한 자식 사랑은 끝이 없음을 알 수 있는 대목이다. 그렇지만 나는 조금 생각이 다르다. 남편에게도 자식에게도 주고 싶지 않다. 그런 좋은 기회가 온다면 내가 잘해봐야지, 정말 해보고 싶다. 그렇지만 여기까지이다. 내 자신의 역량을 키우기 위해서, 혹은 여권신장을 위해 어떤 실질적인 행동을 해 본 일도 없다. 허무맹랑한 생각일 뿐이라며 자조하고 만다.

이런 내 마음을 어쩌다 주위 사람들에게 꺼내면 가당치 않다는 듯 웃어버린다. 가장 가까운 가족들은 끝까지 들어보지도 않고 자리를 뜨는 경우도 있다. 남편은 코웃음까지 치고 만다. 관계란 것은 가까우면 가까울수록 쉽게 상처를 주고받는 괴물 같은 것이다.

우울해지는 마음을 달래려 하늘을 올려다보며 크게 숨을 몰아쉬어본다. 밤하늘에 별들이 총총하다. 생각을 바꿔먹는다. 아니 현실과의 타협이겠지. 내가 이루지 못한 꿈을, 하지 못한 일들 나와 가까운 누군가가 해줬으면 좋겠다. 그것이 자식이든 제자이든 말이다. 싹수있는 누군가를 잘 가르치고 밀어주어서 만들면 되지 않겠는가. 대리만족이라고 부를 수도 있겠지. 역시 나도 별 수 없는 평범한 한국여자이다.

아이들을 가르치는 것이 숙명인가 보다. 하나님께서 나에게 주신 달란트임이 분명하다. 그야말로 천직으로 알고 열심히 그리고 바르게 잘 가르치는 교사로서 역할에만 헌신해야 할 터인데, 우리반 아이들이 걱정이다. 이런 엉뚱한 상상에 사로잡혀서 끙끙대는 나약한 사람을 선생님이라고 믿고 따르고 있으니…. 바람에 이리저리 흔들리는 선거현수막은 이제 안녕, 흔들리는 내 마음도 이젠 그만 정신차렷!

1995년 6월26일 월요일
제1회 동시지방선거를 하루 앞둔 날

기본예절

중국내륙 고비사막에서 강한 바람을 동반한 황사가 심하겠다는 뉴스일기예보를 들으며 자리에서 일어났다. 기상캐스터는 노약자는 외부활동을 피하고 일반인도 장시간 외부활동을 자제하라는 당부도 잊지 않는다. 베란다로 나가 창밖을 내다보았다. 아니나 다를까 시야는 뿌옇고 하늘은 진회색으로 잔뜩 찌푸려있다.

출근준비를 서둘렀다. 요즈음은 서머타임이 적용되어 한층 분주하다. 선진국에서도 시행하던 것인 만큼 합리적인 제도일 것으로 생각은 하지만 아직은 불편하기만 하다. 시간을 아껴서 경제활동과 여가시간을 잘 활용할 수 있다고 홍보하지만 내가 느끼기에는 전체적인 사회 흐름이 한 시간 당겨져 더 정신없는 것 같다. 그렇지 않아도 빨리빨리 문화에 참을성이 부족한 우리나라의 국민들 실정과는 맞지 않는 것 같다. 경제 활동엔 도움이 될지 모르겠지만 국민 소득이 한 시간 앞당겨 일을 시작해서 빨리 마치고 여가를 즐길만 한 수준까지 되었는지는 의문이다.

서둘러 출근시간은 맞추지만 퇴근시간은 제대로 지켜지지 않는다. 일을 다 마쳤는데도 해는 아직 중천인지라 마치 조퇴라도 하는 것처럼 윗분들 눈치가 보여 선뜻 퇴근을 할 수가 없다. 학생들도 한 시간을 당겨놓은 것이 심리적으로 안정이 되지 않는 눈치이다. 특히 저학년 아이들은 시차로 인해 교실을 들었다 놨다 하던 소란스런 움직임도 눈에 띄게 줄었고 수업시간에 끄덕끄덕 졸고 있는 아이들도 여럿 보게 된다.

나는 다행히 두 아이 모두 대학생이 되어서 출근시간 조절하는데 그리 어렵지는 않지만 어린아이들이 있는 여선생님들은 출근시간이 전쟁을 방불케 한다고 한다. 보지 않아도 그런 형편이 눈에 선하다. 어떤 선생님은 출근 준비하는 모습을 '이리저리 튕기는 분자와 같다.'고 비유하기도 한다. 어쩌다가 아침시간에 조금의 여유가 있어도 바쁜 마음은 똑같다. 내 경험상 오히려 여유가 있으면 더 늦고 만다.

특히 월요일은 도로가 막혀서 더 일찍 나서야 한다. 오늘 아침도 서둘러서 주차장으로 나왔다. 그런데 내 차 앞에 덩치 큰 승합차 한 대가 떡하니 주차되어 있었다. 두 줄로 주차시키는 공간이라 뒤쪽에도 주차가 당연히 되어 있어 뒤로 나갈 수도 없고 앞에 있는 차를 밀어내야만 하는 상황이다. 일분일초를 따지는 바쁜 아침시간인데 갑자기 황망해진다.

차를 힘껏 밀어보았다. 하지만 승합차는 꿈쩍도 하지 않았다. 사방을 둘러봐도 장거리 출근자만 한두 명 간간히 보이는 이른 시간인지라 도움을 줄 사람이 없다. 급한 마음에 경비초소로 뛰어갔다. 초소의 유리창에는 '순찰 중'이라는 스티커만 붙어 있고 아무도 없다.

이걸 어쩌나? 초조해진다. 시간이 조금만 늦어도 차들은 엄청 밀리는데, 카풀 하는 선생님들은 또 어떻게 되나, 출근시간 늦을까봐 동동거리며 기다리겠지. 또 우리 반 아이들은 잠긴 교실로 들어가지 못해 복도에서 마냥 떠들고 뛰고 할 텐데….

어떻게 할까? 급한 마음에 차 있는 곳으로 다시 뛰어와서 신음이 절로 터져 나올 정도로 밀어 보았다. 역시 꿈쩍도 하지 않는다. 다행히 경비 아저씨가 초소 쪽으로 오고 있었다. "아저씨, 이 차 좀 같이 밀어 주세요!" 경비 아저씨는 누가 이렇게 주차했냐고 궁시렁거리며 같이 밀었다. 역시 움직이지 않는다. 차가 무거워서가 아니라 핸드브레이크를 걸어 놓은 것 같다고 투덜댄다.

"이거야 원, 에이, 기본 상식도 없이 말야!" 경비 아저씨는 이른 아침부터 방송을 하기는 곤란할 것이니 차량 등록 대장을 보고 주인을 찾아야 할 것 같다고 했다. 나는 차번호를 적어 들고 관리실로 숨이 차게 뛰어 갔다. 헐레벌떡 들어서는 나를 보고 관리실 직원이 깜짝 놀라 물었다. 대답 대신 차번호가 적힌 메모를 들이밀었다.

직원 한 명과 나는 차량등록대장을 나눠 들고 9개동 1080세대의 차량을 살피기 시작했다. 한 집에 차량이 두세 대인 집도 있어서 일일이 차량 번호를 확인하는 데 시간이 많이 걸렸다. 다급한 마음에 그냥 방송을 해달라고 부탁을 해보니 아침잠을 깨게 했다고 주민들에게 항의를 받은 일이 있어서 못 한다나 어쩐다나. '여전히 팔자 좋은 사람들 많네. 지금 출근하는 사람도 있는데 원.' 시간은 자꾸 흐르고 마음이 바쁘다 못해 이젠 슬슬 화까지 나기 시작했다.

차량이 확인되었다. 일이 안 되려고 그랬는지 주차된 곳과 차량 주인이 사는 동과는 많이 떨어져 있다. 인터폰을 쓴다는 생각도 못하고 정신없이 그 집으로 뛰어갔다. 15층이다. 오늘따라 승강기는 느려 터지는 것 같다. 초인종을 눌렀다. 아무 소리도 나질 않는다. 신경질적으로 계속 눌렀다. 인기척이 없다. 사람이 없나, 미칠 노릇이다. 관리실로 다시 뛰었다. 천둥에 개 뛰듯 이리 뛰고 저리 뛰고. 아침부터 이게 무슨 봉변이란 말인가. 더구나 황사 속에서 메케한 연기를 마신 듯 가슴이 답답하고 눈도 따끔거렸다.

어쩔 수 없다. 일단 급한 불부터 끄고 보자. 민원이 발생하면 내가 책임지겠다고 사정을 해 겨우 방송을 했다. 방송 후에도 주인이 나오지 않으면 경찰 입회하에 카센터를 불러 문을 여는 수밖에 없다는 관리실 직원의 별로 달갑지 않은 소리를 듣는 둥 마는 둥 다시 뛰어 주차된 곳을 갔다.

시간이 지나면서 출근하는 사람들이 하나 둘 늘어났다. 아침방송을 들었을 그들이 한마디씩 수군대며 지나쳤다.

내 잘못도 아닌데 창피한 마음도 들고, 뜨거운 것이 가슴 한가운데서 요동쳤다.

'나타나기만 해봐라!'

조금 있으니 운동복 차림에 머리는 헝클어질 대로 헝클어지고, 얼굴은 부수수한, 오늘 아침 날씨에 딱 어울리는 우중충하게 생긴 젊은 여자가 아무 일도 없는 듯 느린 걸음으로 이곳으로 다가오고 있었다. '빨리 오지 못해!' 속으로 소리 질러본다. 여자는 전혀 미안한 기색도 없었다. 아니면 다른 사람 눈치 보고 살 일이 없다는 듯한 태도였다.

운전하고 다니면서 가끔 느끼지만 도로에는 운전 기본예절도 모르는 운전자들이 너무 많다. 나도 여자지만 거의 그런 운전자들은 여자가 많다. 언젠가 택시를 탔는데 나이가 좀 있어 보이는 택시 기사가 여자에게는 운전 면허증을 주지 말아야 한다고 격분해서 말을 하기에 그 연유가 뭐가 됐든 여자를 무시하는 태도에 불쾌감을 느낀 적이 있었다.

"아주머니가 이 차 주인이예요?" 확실히 몰라 일단 점잖게 물었다. "네~에." 발을 구르며 이리 뛰고 저리 뛴 사정은 모른다지만 일단 주차된 상황에서만이라도 미안하다는 말 한마디는 있어야 하지 않을까? 당황하거나 미안한 기색 전혀 없이 심드렁하게 대답한다. 참을 수가 없는 상황이었다. 마음속에서 화산이 폭발하며 화산재가 잿빛 하늘로 솟구쳤다.

"당신 운전한 지 얼마나 됐어? 기본 상식은 있어?" 댓바람에 날벼락을 맞은 여자는 그제야 나를 뻔히 쳐다본다.

"지금 이게 뭐 하자는 거야? 출근 시간이 얼마나 늦었는지 알아?" 경비 아저씨는 싸움이라도 날까봐 조심스럽게 끼어든다. "이

아주머니께서 애 많이 타셨어요."

"차를 이렇게 주차시켰으면 사이드라도 풀어 놔야 할 거 아니야! 이 따위로 운전하고 다닐 거면 면허증 반납해." 여자는 인상을 있는 대로 쓰며 나를 째려보았다.

"왜, 왜? 보면 뭐, 할 말 있어? 뭘 잘했다고 바라 봐, 말대꾸하기만 해봐." 놀란 눈으로 한참을 쳐다보던 여자는 미안하다는 말 한마디 없이 차 안으로 숨듯 들어가더니 차를 몰고 가버렸다. 한바탕 더 퍼부어주고 사과를 받아도 시원치 않을 판에 상대가 사라지자 화는 더 치밀고 맥이 풀렸다.

30분 넘게 지체해 버렸다. 급히 차에 올랐다. 아무리 바빠도 안전벨트는 매야지. 나부터 규칙을 지키지 않으면 안 되지. 안전 운전하라는 경비 아저씨의 인사를 뒤로한 채 차를 몰고 나왔다.

월요일부터 지각이라니. 마음을 가라앉히려 라디오를 켜 봐도, 복음성가를 흥얼거려 보아도 흥분이 좀처럼 가라앉지 않는다. 애타게 기다렸을 카풀 하는 선생님들을 태우고 나서도 여전히 마음이 심란하다. 선생님들은 어차피 늦은 거 천천히 가자고 하신다. 내 운전이 거칠었나 보다.

복도에 들어서니 나를 기다리는 꼬마들이 웅성거리며 몰려든다. 교실 문을 열자 봄 마당에 엄마 닭을 따라 떼 지어 종종걸음 치는 햇병아리들처럼 우르르 따라 들어온다. 왜 늦었냐고 물어보는 녀석도 없고 굳어진 선생님의 표정도 살필 줄 아는 녀석이 한 명도 없는 그저 천진난만한 우리 아이들. 그래, 오늘도 너희들만 있으면 된다. 선생님의 우중충한 마음이 너희들에게까지 옮겨가면 안 되지. 이건 교사로서 최소한의 기본예절 아니겠어.

오늘도 화이팅!

1997년 4월 7일 월요일

흐린 월요일 아침에 정신없었던 일

•• 산외 구절초 축제장에서

돋보기

"가는 세월 호미로 막고 오는 백발 가래로 막아도 세월이 먼저 알고 지름길로 오더라." 나이를 먹는다는 것은 사람이라면 피할 수 없는 자연의 법칙이니 순응해야겠지만 어떻게 받아들이냐가 문제인 것 같다.

우리 친정어머니는 내 나이였을 때 아침에 눈을 뜨면 바로 일어서지 않으시고 앉은 자리에서 팔과 어깨를 한참동안 주무르고 두드리고 윗몸을 이리저리 움직이신 다음에 일어나셨다. 그게 바로 요즘 말하는 스트레칭이셨던 모양이다.

그런데 요즘 내가 그러지 않는가? 자고 일어나면 몸이 경직되어서 한참 동안 몸의 근육을 풀어줘야만 조금 부드러워져 활동하기에 불편함을 덜 느끼게 되니 말이다. 몸이 천근만근이라고 하신 말씀이 생각난다. 저녁엔 피곤이 쉽게 와 일찍 자리에 눕게 되고 아침엔 일찍 잠에서 깨어난다. 그렇게도 아침잠이 아쉬워 눈이 떠지지 않던 젊은 시절이 있었는데….

할아버지는 어린 시절 뛰노는 우리들에게 "다친다. 뛰지 말고 걸어 다녀라!"라고 하셨다. 문득 이해되지 않았었다. 뛰면 왜 다친다는 건지. 또 할머니는 뛰어나가던 나를 돌려세워 바늘에 실을 꿰어주라고 하시면서 "눈도 밝기도 하지." 하실 때 나는 "할머니는 안 보여? 왜?"라고 반문하면 할머니는 그저 하하 웃으셨다.

그런데 지금의 나는 뛰기는커녕 땅이 꺼질세라 살살 걸으며, 럭비공처럼 어디로 튈지 모르는 아이들 곁을 지날 때면 내가 다칠까 조심스럽기만 하다. 그리고 꼭 한마디를 던진다. "다친다, 천천히 다녀라!"

눈도 문제였다. 언제부터인가 양미간을 찌푸려야 글씨가 보였고 작은 글씨나 물체를 보려면 팔을 앞으로 내밀거나 고개를 뒤로 젖혀 거리를 확보해야 보였으며, 글씨가 흐려지고 겹쳐지는 상태가 나타나기 시작했다. 특히 책을 조금 오래 보면 초점이 잘 맞지 않고 두통까지 동반되었다.

이게 바로 노안이구나 라는 생각이 드니 마음속에 뭔가 덜컥 주저앉는 소리가 들리는 것 같았다. 서재로 가서 책상 위에 던져 둔 남편의 돋보기를 써본다. 가까운 것이 잘 보였다. 때가 온 것은 분명하지만 받아들이기엔 뭔가 억울하다.

돋보기를 쓰면 아주 늙은이가 될 것 같은 생각에 좀 더 버텨보려고 차일피일 미루었다. 신문이나 잡지는 글씨가 큰 타이틀로만 해결했다. 눈을 비비고 물체를 멀리 했다가 가까이 했다가, 고개를 이쪽

•• 처음 맞춘 돋보기

저쪽으로 돌려도 보지만 잘 보이지 않는 노안에 항복하기로 했다.

"젊어 보이세요!" 돋보기를 쓴 내 얼굴이 마뜩찮아 거울에 이리저리 비춰보는데 안경사의 립서비스(lip-service)에 심사가 조금 뒤틀린다.

거실에서 돋보기를 쓴 나와 처음 마주친 남편도 "잘 어울리네 뭐!"라며 위로인지 격려인지의 말 한마디를 던진다. '여보세요, 이건 어디까지나 비상용이에요. 급할 때만 한 번씩 쓸 거라고요!'

그 시간 이후로 돋보기가 보기 싫어 책상 서랍에 처박아 두었다. 돋보기를 쓴 모습을 남에게 보여주고 싶지 않다. 왠지 부끄럽고 쑥스럽다. 아직은 돋보기를 쓴 모습을 남편 이외엔 본 사람이 없다. 나는 아직 노안이 아니다, 라고 강변하고 싶다. 한번 써보았다가도 인기척이 들리면 얼른 벗어 안경집 속에 집어넣는다. 시간은 흐르는 것이고 늙어가는 것은 자연스러운 일인 걸…. 그렇지만 난 부끄럽고 왠지 서글퍼서 아직은 돋보기를 내놓고 쓸 수가 없다.

2012년 4월 13일 금요일

돋보기를 맞추고 그런저런 마음에

애착과 집착

며칠째 머리가 개운치 않아 바깥공기를 쐬러 밭에 갔다. 비가 와서 질척거릴 거라는 남편의 말은 들은 체 만 체, 시원할 때 간다는 핑계로 강행군을 했다.

역시 나오길 잘했다. 여물어 가는 작물에서 솔솔 풍겨오는 생명의 냄새가 좋다. 자연의 상큼한 공기는 탁한 머릿속을 금세 개운하게 해주었다.

넝쿨의 무게를 이기지 못하고 주저앉아 버린 지지대 사이를 비집고 못 생긴 오이 몇 개를 따서 비닐 주머니에 담았다. 제멋대로 뻗쳐있는 호박 넝쿨 속을 아무리 헤쳐 보아도 손가락만 한 열매 한 개 맺혀있지 않았다. 밑거름은커녕 웃거름 한 줌 주지 않고 뒤적이는 우리가 오히려 호박한테 미안하다고 용서를 구해야 하지 않을까.

호박꽃은 똥오줌 밭에서 큰다
호박 같은 순이는 똥오줌을 먹고 자란 셈이다
시골의 똥통은 냄새도 향기롭다
똥파리들도 정작 힘을 쓰지 못한다
순이가 보듬어 안고 주물럭거리기 때문이다

— 「호박꽃 나라」, 장종권

모종을 사서 심은 가지나무는 또 어떨까. 이 녀석은 지지대도 세워주지 않아서 사정없이 옆으로 누워버렸다. 우리 부부를 원망어린 눈으로 흘겨보는 것 같다. 영양결핍으로 키도 몸집도 자라지 못한 채 아사 직전이다. 앙증맞을 정도로 작은 몇 개의 가지 표면에는 새까만 점들이 여기저기 박혀있고 땡땡하게 굳어 있다. 주인을 얼마나 원망했을까.

산야초를 연구하는 어느 교수님의 말씀이 생각난다. 그분은 밭에 들어가 열매나 잎을 따기 전에 마음속으로 기도를 한다고 한다. '녹차나무여, 잎을 조금 따가겠습니다.' 밭을 나갈 때도 '잘 마시고 건강하겠습니다. 고맙습니다.' 그렇게 할 때와 하지 않을 때를 비교하면 향이나 맛이 확실히 차이가 난다고 말하던데 내 생각에도 그분 주장이 맞을 것 같다.

부추밭으로 갔다. 보살피지도 못 할 거면서 마구 심기만 했다. 풀을 매주지 않아 부추밭인지 풀밭인지 분간이 안 된다. 풀잎은 새파랗게 윤기가 나고 부추는 인생을 다 산 노파처럼 누렇게 변한 몸통을 꺾은 채 납작 엎드려 있었다. 아이구야, 겁나게 미안하다. 그러나 어쩔 것이냐, 게으른 주인 만나 고생하는 것도 너희들 팔자다.

이렇게라도 자라느라 수고했고 또 고맙다. 미안한 마음을 한편에 두고 한손으로 부추를 일으켜 세우고 섞여 자란 잡초와 함께 가위로 한 줌 뭉텅 잘랐다. 내리는 가랑비에 옷은 이미 흠뻑 젖어 몸은 후줄거리는데 기분은 상쾌하고 머리는 더 개운해졌다.

고구마 밭으로 갔다. 새순을 얻어 볼 생각이었는데 어린순은 보이지 않는다. 흙속에 숨어있는 묵은 고구마를 살펴보니 쥐가 다 갉아먹어 버렸다.

힘들게 밭을 뒤졌는데도 올 때 마음과는 다르게 저녁 찬거리가 나오지 않았고 빈손으로 돌아가기는 좀 그랬다. 순간, 바로 옆에 친구의 밭이 생각났다. 아무리 친구지만 허락을 받지 않으면 절도겠지. 자진 신고하면 죄가 조금은 가벼워지겠지. 가벼워지면 뭐해 죄는 죄인데….

마음속으로는 이미 한 소쿠리를 가득 채웠다. 성경 말씀에 생각만 품어도 죄라고 하지 않았던가. 에라, 모르겠다. 이왕 이렇게 된 거 가보자. 어쩐지 지금은 친구에게 전화하기가 싫다. 휴대전화도 차에 두고 왔다는 게 좋은 핑곗거리가 되어 주었다.

역시 친구의 밭은 잘 가꾸어져 있었다. 싱싱한 고추밭으로 눈길이 먼저 뻗쳤다. 눈으로만 봐도 맛깔스러운 싱그러운 오이고추 다섯 개를 따서 봉지에 잽싸게 담았다. 자, 다음엔 뭐냐. 벌레 하나 먹지 않은 깨끗하고 예쁘게 자란 들깻잎이 나를 유혹했다.

녀석들 특유의 진한 향과 유록색의 싱싱한 깻잎이 기분까지도 좋아지게 했다. 비가 내리고 바람도 불어 한손으론 작업하기 힘들었지만 저녁식탁에 한 가득 차려질 유기농 먹거리를 생각하니 힘이 솟았다.

•• 잘 가꿔 놓은 친구의 들깨밭

집으로 돌아와 채소를 씻는데 아무래도 걸리는 마음이 있어 자진 신고도 할 겸 전화를 걸었다.

"뭐라고? 약을 주었다고…. 그럼 이 아까운 것을 다 버리란 말이야! 에구구."

연하고 예쁜 잎만 따서 아주 맛있게 먹으려는 기대가 무너져 허탈감에 싱크대 앞에 멍하니 있는데 친구로부터 금방 전화가 다시 걸려왔다.

"고추밭 옆, 그래, 그 앞에 상추도 몇 포기 심어져 있는데. 거긴 약을 안 했다고? 확실하지? 그럼 먹어도 되겠네. 알았어, 잘 먹을게."

"얘, 잠깐 잠깐." 나는 재차 확인한다. "담 옆에만 약을 했다 이거지. 분명하지? 근데 우리 유기농 하기로 했었잖아. 그런데 왜 약은 했어!"

내가 생각해도 좀 웃기는 상황이었다. 남이 열심히 지어 놓은 농작물을 얻어먹는 주제에 타박까지 하고 있다니. 자 일단 먹자, 인사는 나중에 하고 말이야.

그런데 의심이 솔솔 도진다. 친구가 약을 친 곳을 헷갈린 것이라면 어떻게 되나. 오후 내내 맛있고 신선한 푸성귀 먹을 생각에 다른 반찬은 생각하기도 싫은데 어쩌나. 그래 깨끗이 씻어서 먹자. 죽기야 하겠어. 그래도 개운치 않다. 이것 먹고 일 생기면 친구네 책임이다. 에이, 담가 놓았다가 내일 먹어야겠다. 그런데 내일까지 이 깻잎이 견뎌 줄까? 이런 나를 위해 버티어 줄까?

작정하고 뽀드득뽀드득 비비고 문질러서 다섯 번을 씻었더니 연한 깻잎은 제 모양을 제대로 갖춘 잎이 한 장도 없다. 모두 찢어지고 갈라지고 멍들고. 소쿠리에 담긴 그것들을 보고 있자니 화가 난다. 언제부터 이런 의심하는 버릇이 생긴 걸까. 암수술을 받은 후부터이겠지만 이건 해도 너무 하지 않은가. 내 몸을 악착같이 생각하는 것은 좋지만 집착하는 건 병적일 정도이다. 생명이 귀중한 건 맞다. 삶에 대한 애착도 좋지만 다른 것들을 돌보지 않는 내가 그럴 자격이 있는가. 밭에 뿌린 작은 생명 하나도 거두지 못하면서….

친구는 내게 성심껏 답을 해주었고 나도 믿는 척했으면서 다시 의심을 하고 애써 뜯어 온 것들을 버릴 지경이 되었다. 몸도 챙기지 못하고 마음마저 다쳐 버린 어리석은 하루였다.

2012년 8월 20일 월요일

건강에 대한 집착 때문에 신뢰와 불신이 뒤엉킨 날

누룽지

여름방학이 시작된 지 일주일이 되었다. 앞으로 여름방학을 몇 번이나 더 맞을지 모르겠지만 갈수록 마음이 한가하고 여유롭다. 교육계에도 혁신 바람이 불어와 눈에 띄게 변화되어 가고 있다. 교사들은 학생들의 수업환경을 위해 또 자기계발을 위해 모두들 바삐 움직이며 노력하고 있지만 나는 왠지 한가롭다. 모든 것을 내려놓은 듯 홀가분하기까지 하다.

한가하고 여유로움에 문득 여고 동창들 소식이 궁금해졌다. 그래서 이사도 한 김에 친구들을 초청했다. 그런데 정작 오래 보지 못해 궁금한 친구들은 찾지 못했고 가끔 소식을 전하며 지내던 친구 몇이 고맙게 찾아 주었다. 반갑기도 하고 기쁘기도 하고 무슨 말을 누가 먼저라 할 것도 없이 자연스럽게 시끌벅적해졌지만 역시 수다는 나를 앞지를 자 누가 있으랴.

무엇에 쫓겼는지 졸업과 동시에 친구들을 뒤로하고 앞만 보고 살아온 43년. 세월은 쏜 화살과 같다고 하더니 정말이지 이렇게 빨리 지나갈 수가….

이야기 주제가 따로 정해질 수가 없는 건 말할 필요가 없다. 시간순서도 물론 없고 장르도 없이 이리 왔다 저리 갔다 뒤죽박죽. 궁금한 친구들 이야기를 하는가 하면 한쪽에선 어느새 여고시절의 선생님들 이야기가 나오고, 그러다 다시 친구들 소식이 소재가 되었다. 역시 누구나 할 것 없이 결론은 '만난 지 오래 되었지!' '다들 보고 싶다!'로 마무리 되었다.

진득한 여름 한나절을 서로 알고 있는 정보를 최대한으로 듣고 전했어도 아쉬움이 많이 남는다. 서로 말은 안 했어도 같은 마음이었나 보다. 사흘 후 좀 더 넓고 좋은 장소에서 만나기로 약속하고 헤어졌다.

사흘 후, 가까운 곳으로 가볍게 떠나는 산행인데도 아침 일찍부터 서둘렀다. 소풍가는 어린아이들처럼 모인 친구들은 마음이 들떠있다.

학창시절 공부를 잘했고 겁 또한 제일 많은 친구가 운전대를 잡았고 말로만 다 잘하는 나는 내비게이션이 되어 조수석에 앉았다. 다섯 명을 태운 승용차 안은 활기가 넘치다 못해 시장 통 같은 분위기다. 60년을 살아 온 입담들은 대단했다.

약속 장소에서 합류한 친구 몇을 반갑게 얼싸안았다. 여름 장마로 불어난 계곡의 물은 수정 알보다 더 맑고 깨끗했다. 여고시절 우리들의 마음과 꿈은 저 계곡물처럼 맑고 깨끗하고 아름다웠으리.

그 좋은 시절을 다 보내고 마음만은 청춘인 할머니들이 파이팅을 외치고 발걸음을 옮긴다. 전문가들에게 연신 길을 비켜주며 거북이걸음으로 오른다. 숨은 턱까지 차오르지만 그래도 친구들이 있기에 힘들지 않다. 학창시절과는 또 다른 맛의 정이 새록새록 솟아나온다.

그래도 체력은 샘솟듯 하지 않아 어쩔 수 없이 중턱도 오르지 못하고 자리를 폈다. 한 친구를 제외하고는 모두 크고 작은 수술을 한 번씩은 한 상태였다. 자연계의 생명은 병들고 늙어 가는 것이 자연스러운 일인 것 같다. 그런 우리를 편백나무 숲이 말없이 받아주고 있다. 땅속 깊이 튼튼한 뿌리로 몸을 지탱하고 길고 곧은 가지는 하늘을 향해 거침없이 쭉쭉 뻗고 말이다. 그 가지 사이로 코발트색 하늘이 웃고 있다.

형형색색의 배낭 속에서 다양한 먹을거리들이 쏟아져 나왔다. 각자 준비한 음식을 보고 있자니 그 친구의 성격과 삶이 그대로 묻어 나왔다. 전원주택에서 직접 기른 무공해 오이를 꺼내놓는 친구, 남편 내조를 잘하고 아들딸 훌륭하게 길러낸 현모양처의 친구는 시기적으로 귀한 과일을, 조용하고 여성스러운 친구는 얌전하게 썰어온 과일을, 여태껏 크게 아파 본 일 없다는 건강한 친구는 역시 직접 구운 과자에 건강식품까지 내놓았고 이름값을 하며 잘 살고 있는 친구는 마누라를 엄청 사랑하는 영감님이 모시송편을 곱게 싸서 보냈다. 우리는 그저 성찬을 앞에 두고 먹지 않아도 배불렀고 행복한 웃음이 절로 쏟아졌다.

고등학교 시절에도 맏언니처럼 어른스럽고 분위기도 잘 만들었던 친구가 부스럭거리며 꺼내든 것은 누룽지였다. 단단하지 않고 바삭했다. 노릇노릇한 게 씹을수록 고소했다. 어쩐지 맛만 느끼며 먹을 누룽지가 아닌 듯싶다. 뭔가 사연이 담긴 것 같은 깊은 이 느낌은 뭐지. 나만 느낀 감정은 아니었나 보다. 누가 먼저랄 것도 없이 누룽지의 탄생비밀에 대해 캐물었다.

친구는 노인복지원을 맡아 하고 있었다. 연로해서 거동이 불편하고 몸이 아파서 힘들어하고 치매로 자식들도 등돌린 노인들을 10년 전부터 돌보아 왔다고 한다. 우리들의 생활과는 많이 다른 삶이었다. 철없는 수다에 박장대소를 하던 우리들은 괜히 숙연해져 그 친구의 이야기를 조용히 듣고만 있었다. 남을 사랑하는 마음이 가득한 친구의 진솔한 얘기는 숲의 피톤치드 향만큼이나 깊은 맛을 느끼게 했다.

우리들이 살아온 시간을 뒤돌아 볼 수 있도록 만들기에 충분한 아름다운 얘기가 끝났다. 그렇구나, 우리는 누룽지였구나. 맛있는 밥을 위해 자신을 태워 가며 불기만을 위로 올려주는 누룽지. 우리 부모님은 우리를 위한 누룽지였던 거고.

산행의 마무리는 노후를 보내려고 산자락 아래에 전원주택을 마련한 친구 집들이로 하기로 했다. 학창시절에 수학공부를 잘해서 쉬는 시간이면 그를 에워싼 친구들에게 수학도 곧잘 가르쳐주던 친구는 인생의 끝자락도 수학적으로 가장 현명하게 준비했다. 친구의 집은 모악산 푸른 줄기에 어울리는 빨간색 지붕에, 아름드리 소나무와 큰 바위로 아름다운 한 폭의 그림이었다.

•• 친구들과 하이원 스키장에서

차를 몇 잔씩 마시면서도 우리들의 이야기는 퐁퐁 솟아나는 숲 속의 옹달샘처럼 마르지 않았다. 집주인 친구 남편의 귀가로 강제 해산되지 않았으면 날을 샐 뻔했다. 아쉽게 돌아서는 우리를 집주인 친구가 불러 세우고 집 주위에 심은 푸성귀들을 뜯고 다듬어 사양하는 우리들 손에 기어이 쥐어준다. 그놈의 정!

"우정은 날개 없는 사랑이다." 영국 시인 바이런의 말이다. 날개가 없어 멀리 날아가지 못하고 가까이도 오지 않고 항상 그 자리에 변하지 않고 서 있는 사랑. 스페인 철학자 발타자르 그라시안은 "친구를 갖는다는 것은 또 하나의 인생을 갖는 것이다."라고 말했다. 멋진 명언이다. 친구가 있으므로 인생을 함께하며 희로애락도 같이 할 수 있지 않는가. '친구여~'

또 만날 날을 약속하고 조용한 운전기사의 차에 몸을 실었다. 운전하는 친구는 집 앞까지 일일이 데려다 주는 친절함을 베풀었다. 다음에 또 만날 약속을 하고 차에서 내린 사람과 차 안에 있는 사람이 서로가 보이지 않을 때까지 손을 흔들어댔다.

또 보자, 누룽지들아~.

2011년 8월 2일 화요일
여고동창 번개 모임을 마치고

도시 농부

울타리처럼 빙 둘러있는 탱자나무 잎은 다 떨어지고 앙상한 나뭇가지에 탱글탱글 크고 작은 열매들만 노랗게 달려있다. 탄력 있게 잘 무른 홍시 같은 저녁놀이 노오란 탱자열매 가지 사이사이를 가득 채우며 저물어가고. 그 석양을 등지고 머리카락이 하얗게 센 남편이 나일론 멜빵끈으로 엮은 지게에 고구마를 한 자루 담아 메고 힘겹게 발걸음을 뗀다. 그 뒤를 새참 보따리를 든 내가 뒤따르는데 「만종」의 은혜롭고 평화로운 장면이 문득 떠오른다.

농사를 짓기 시작한지 6년째니 초보농부 딱지는 겨우 뗀 셈이다. 20년 전 시골학교에서 푸성귀들로부터 신경성 병을 치료받았고, 9년 전에는 생사를 넘나드는 큰 병을 딛고 일어선 뒤부터 친환경 먹거리에 대한 절실함을 느껴서 남편을 어렵게 설득해 시작한 농사일이었다.

방치해 뒀던 땅을 농장으로 일구어 유기농은 못 할지라도 무농약으로라도 간단한 채소 몇 가지와 성인병에 좋다는 약초 두어 가지만 가꾸어 보려고 시작한 일이었다. 그런데 해를 넘기면서 농사에 대한 재미가 굴러가는 눈뭉치처럼 커져갔다. 친척들과 가까운 이웃까지 나눠먹을 만큼 수확량도 늘어서 이제는 소일거리라고 말하지도 못한다.

땀 흘려 운동해서 좋고 먹거리를 얻는 것 이외에 도시농부의 이점은 또 있다. 아무도 없는 넓은 들판에서 스피커라는 별명이 붙을 만큼 목청 큰 나는 유행가 가락을 한청 높여 부른다. 은혜롭고 기쁠 때는 찬송가를 마음껏 부르는데 누구 하나 고성방가로 신고하지 않아서 좋다.

솔솔 올라오는 흙냄새는 달콤하다 못해 맛있기까지 하고 파란 싹들은 눈을 맑게 해주며 야산의 푸른 솔과 잡목들이 값없이 내어주는 상큼하고 알싸한 공기는 그 자체로 보약이다. 농사일이 고생이라 생각하지 않고 이 시간만은 정말 큰 기쁨이고 축복이라고 생각하기에 힐링이 절로 된다고 할까.

도시농부의 밭은 버라이어티하다. 오이, 가지, 호박 등의 채소류부터 고구마 감자 등의 곡류와 각종 약초 등 20여 종을 길러보았다. 어떤 해에는 30여 가지를 군데군데 자투리땅에 나눠 심다보니 일이 커져 버렸다. 주말농장처럼 즐겨보려던 계획은 퇴근길에 거의 밭으로 출근해서 오백 평이 넘는 밭에 씨를 뿌리던 순간에 이미 끝난 것이었다.

일일이 벌레 잡고 정성들여 가꾸는 무와 배추

농사일은 끝이 없다. 토요일은 땅거미가 짙어져 곡식인지 풀인지 보이지 않을 때까지 일을 하는 날이 허다했다. 제일 힘든 일은 풀을 뽑는 일이다. 한여름 뙤약볕에서 일일이 사람의 힘만으로 밭고랑을 누빈다는 것은 여간 고된 일이 아니다. 이 일에 비하면 씨뿌리기나 모종 심는 일은 일도 아니다. 그렇다고 제초제를 쓸 수는 없는 노릇인지라 악착같이 밭에 들러붙어 있었다. 흘린 땀이 눈속에 들어가 눈이 붓기도 하고 솟아오르는 지열에 얼굴이 퉁퉁 부어오르기도 했고, 자외선 차단제로 떡칠을 해도 거칠게 변하는 피부를 보게 되면 마음이 상하기도 했지만 친환경 먹거리로 차려진 밥상의 기쁨은 이 모든 고통을 이겨내고도 남았다.

농사일을 한 뒤부터 웬만한 푸성귀는 사먹은 일이 없는 것 같다. 김장용 배추도 직접 재배했다. 3월 초부터 6월까지 4개월 동안은 감자를 심어놓고, 남아 있는 땅 군데군데에 틈틈이 채소 씨앗을 뿌리고 모종도 하는 등 땅을 놀리지 않는다. 6월에 감자를 캔 밭에는 8월 말에 다시 퇴비와 밑거름을 뿌리고 땅을 파고 골라서 무와 배추를 심는다. 비가 제때 오지 않으면 이십 킬로 물통을 지고 나르느라 허리가 휜다. 벌레를 잡아주며 웃거름을 주고 약초를 캐어 손질하면 땅콩 수확할 시간이다. 그 다음은 고구마가 우리 부부의 손길을 기다리고 있다. 이 년 전 늦가을에는 쌓아 놓은 콩 단 위에 서리가 하얗게 내려 시린 손끝을 입김으로 녹여가며 두드려서 찬 가을바람에 껍질을 실어 날리고 알맹이를 거두기도 했었다.

내가 농사일을 경험하기 전에는 농사를 짓는 분들께 서운한 마음을 가진 적도 있었다. 곡간마다 곡식이 가득하고 대청마루에는 고추, 깨 자루가 쌓여 있고 처마 밑에는 마늘, 양파가 주렁주렁 매달려 있는데 좀 나눠 주지 않나? 은근히 서운하게 생각한 일도 있었는데 참으로 어리석은 생각이었다. 농사일을 해보지 않은 사람들은 전혀 모를 고생의 연속인 것이다. 풀과 벌레와 더위와의 전쟁을 치른 농작물은 그야말로 땀의 대가인데 그런 농산물을 거저먹기를 바랐다니….

조부모님이 농사를 지으셨고 공무원을 그만둔 부친께서 농사를 물려받았지만 난 도시에서 학교를 다녔고 그 후 직장에 다니느라 흙을 밟을 일이 전혀 없었다. 방학 때나 농번기에도 부모님은 시골로 날 불러들이는 일이 없었다. 일손이 필요하지 않아서가 아니었다는 것을 시간이 많이 흐른 뒤에야 알게 되었다.

조부모님과 부모님의 사랑으로 내 기억 속의 시골집은 쉬러가는 편안한 곳이었다. 내가 아는 농사란 텃밭에서 할머니가 심어놓은 참외나 오이를 따서 먹는 정도였다고 할까. 면소재지 학교로 출근하며 농부인 학부모들과도 어울렸고 고사리 손으로 농사일을 거드느라 아이들의 검게 그을린 얼굴을 매일 대했지만 특별히 농촌에 대한 깊은 이해는 하지 못했던 것 같다. 그러던 내가 직접 농사를 지어 건강한 먹거리로 몸이 좋아지고 농부의 마음까지 내 안에 품게 되니 이보다 좋은 일이 어디 있을까 싶다. 물론 농사는 남편의 좋은 체력으로 대부분 해결하고 나는 말로만 농사를 짓고 있지만 말이다.

몇 년 전부터는 겁 없이 시작하던 때와는 달리 남편도 힘이 달린다는 말을 자주 한다. 세월 앞에 장사가 없다던가. 그래서 추수할 때마다 내년에는 규모를 좀 줄이자고 약속을 하지만 봄이 되면 욕심에 그 약속은 잘 지켜지지 않는다. 밭고랑 습지에서 가냘프게 숨어 자란 돌미나리를 한 소쿠리 캐어 새콤한 양념장으로 무쳐낸 그 맛을 잊지 못함도 이유 중의 하나이다. 지친 남편의 모습을 볼 때면 욕심을 자책하기도 하지만 봄에 계획한 농사일을 중간에 팽개쳐 둘 수는 없어서 일 년을 끌고 간다.

오늘도 무거운 고구마 자루를 메고 가는 남편의 뒷모습이 너무 힘들어 보여 애잔하다. 도시 농부가 된 것이 좋은 것인지, 일할 때 얼마만큼 기쁜지는 남편의 마음속으로 들어가 보지 않아 알 수가 없다. 힘들고 짜증스러울 때가 많을 것인데도 싫은 내색 한 번 없이 계획된 일을 함께 해주는 남편에게 항상 미안하고 고맙다. 내년에는 정말 종류도 줄이고 양도 줄여서 즐겁게 일하는 그야말로 주말 농장을 만들어야지, 라고 생각하지만 계획이 잘 지켜질지는 모르겠다. 변덕스러운 겨울 날씨를 겪으면서 내 맘도 변덕을 부릴 것만 같다. 그 생각에 나 혼자 비죽이 웃어본다.

2012년 10월 27일 토요일

이른 가을 무거운 짐을 진 남편의 뒤를 따르며

무작정 여행회 창단

2014년 8월 12일, 뉴스에 비 소식이 있다며 남편은 은근 걱정을 하지만 내겐 그저 잔소리로 들릴 뿐 여행을 떠날 생각에 온통 들떠 있다. 느긋하게 준비를 하고 있었는데 일행이 주차장에 도착했다는 전화에 허겁지겁 나갔다가 다시 들어와 주섬주섬 들고 나가기를 두 번이나, 마음은 이미 여행지에 가 있었다.

환한 미소로 반겨주는 예쁜 두 선생님을 보자 반가움으로 여행에 대한 기대가 한층 더해졌다. 오전 9시 정각, 어려운 운전을 자청하시는 S 선생님에게 고마운 마음을 제대로 표현하지도 못하고 서둘러 출발했다. 목적지는 가면서 정하자고 할 만큼 우리는 어디론가 떠난다는 여행 그 자체만으로도 충분히 즐거웠다.

가이드는 남편 덕에 전국 방방곡곡을 누비며 살아온 O 선생님이 맡아주기로 했다. 유능한 가이드에게는 별다른 주문이 필요치 않았다. 몇 마디 회의 끝에 우리는 수덕사로 방향을 틀어잡았다. 맡을 책무가 없으니 그저 총무라도 하겠다며 작은 수첩과 연필을 꺼내드는 나를 보고 일행은 웃었고 나도 따라 웃었다.

세 명의 선생님이 특유의 유쾌한 수다를 나누다 보니 1시간 50분 만에 수덕사 입구에 도착했다. 언젠가 한번 교직원 단체여행을 온 적은 있지만 기억이 가물가물하다. 여행은 필요 이상으로 마음을 관대하게 하나보다. 주차장 한편에서 트럭에 복숭아를 싣고 잠긴 목소리로 판매에 열심인 농부아저씨를 도와준다는 의미로 별로 필요하지 않은 복숭아 한 봉지를 사들고 일주문을 향한다.

수행자들이 말없이 오갔을 숲 속의 공기는 더없이 맑고 시원했다. 가수 송춘희의 노래 「수덕사의 여승」을 한번 멋들어지게 부르고 싶은 마음이 동했지만 그랬다간 정신 나간 여자라는 소리를 들을까봐 조그맣게 흥얼거리고 말았다.

수덕사에는 정말로 여승만 살고 있는지 우리는 궁금해졌다. 그래서 용감한 O 선생님이 지나가던 보살에게 슬쩍 물어 봤는데 남자 승려들도 거주한다고 한다.

일찍 출발한 덕택에 여유 있게 계곡물에 탁족도 하고 점심은 근처 식당에서 더덕정식으로 거하게 그리고 맛있게 먹었다.

O 선생님은 해미읍성을 가보자고 했다. 방한하는 프란치스코 교황님 맞을 준비가 한창이라 볼거리도 많을 거라고 식당 주인이 거들었다. 결정하기 무섭게 S 선생님은 곧장 달려 20분 만에 해미읍성에 도착했다. 읍성은 규모가 아주 크고 아름다웠다. 우리 고장

의 고창읍성과 흡사했다.

세계의 이목이 집중될 곳이어서 그런지 현장에는 서산시청 직원들이 많이 나와 일을 하고 있었다. 그중에 우연히 서산시장님과 만났는데 전주에서 왔다고 하니 직접 친절하게 안내를 해주었다. 바쁘기는 하지만 개인적으로나 서산시로 보나 교황님의 방문이 매우 영광스럽다는 말도 곁들였다. 서산의 지역경제에도 좋은 영향을 미칠 것 같았다. 이 또한 하나님의 은혜라고 할 수 있겠다.

시청 직원들이 간월항에 5시쯤 맞춰 가면 바닷물이 빠져서 간월도로 걸어서 갈 수 있다고 친절하게 가이드 해주었다. 시간을 보니 얼추 맞을 것 같았다.

손을 흔들어 고마움을 표하고 해미순교성지관은 지나치면서 슬쩍 보고 간월도로 향했다. 4시 50분, 시간은 맞춰 온 것 같은데 바닷물은 출렁출렁 빠질 기색이 전혀 없다.

철에 따라 썰물 시간이 다르고 요즘은 6시가 되면 무릎 아래까지 빠져서 간월도까지 건너갈 수 있다는 동네 할머니의 말씀을 듣고 한 시간 정도 항구를 어슬렁거렸다. 목적지를 앞에 두고 빈둥거리자니 한 시간은 왠지 길게만 느껴졌다.

관광안내지도를 보면서 간월만 간월항 간월도라는 세 곳의 풍경도 보고 여러 가지 이야기꽃도 피웠다. 하지만 썰물을 기다리지 않고 그냥 가버리는 관광객들 때문에 좀 썰렁해졌다. 그래서인지 두 선생님은 그냥 가자는 의견을 슬쩍 비쳤지만 나는 이왕 왔으니 꼭 가봐야 한다고 강력히 주장했다.

6시가 넘어 바닷물이 빠지는 것 같기는 한데 바닥은 쉽게 드러나지 않았다. 숙박 이외는 다음 일정이 없는데도 우리는 괜히 조바심을 쳤다. 세상살이의 버릇이 도진 것이다. 6시 10분쯤, 아직 갯벌이 완전히 드러나지 않았는데 어떤 아저씨가 걸어 들어갔다. '옳지, 이제 건너게 되는가 보구나, 저 아저씨 무릎만 넘지 않으면 나도 따라 들어가야겠다.'고 생각하며 조급한 마음으로 지켜보고 있었다. 중간쯤 갔는데도 바닷물은 무릎 아래에서 찰랑거린다. '됐다!' 빨리 들어가자고 두 선생님을 이끌었지만 망설인다. "그럼 나 혼자라도 들어 갈 거야!"라며 신발을 벗었더니 "정말 들어가려나 보네?" 하는 말에 "당연 들어가야지!"라며 성큼성큼 걸어 들어갔다. O 선생님이 "같이 가~"라며 뒤따랐고 S 선생님은 "기다려~"라며 합류했다.

우리는 자지러지게 웃고 아이들처럼 철벅거리며 바다를 건넜다. 간월도에 있는 작은 절을 구경하고 나왔는데 바닷물이 갈라진 길을 건넜다는 흥분에 그만 절 이름도 잊어 버렸다. 그 절은 정면보다는 뒤에서 바다를 안고 있는 모습이 훨씬 아름다웠다는 기억뿐.

덕산온천 관광호텔에 여장을 풀었다. 약 4백 년의 역사와 전통을 자랑하는 순도 백 퍼센트의 온천수에 몸을 담그니 더할 나위 없는 행복감이 밀려온다. 계획했던 노래방은 내일의 안전과 건강을 위해 다음 기회로 미루고 시원하고 상큼한 여름밤을 만끽하기 위해 호텔 주차장 한쪽에 돗자리를 깔았다. 세 여인이 살아온 인생길의 추억담은 공감대를 이루면서 여행 동반자로서의 정을 돈독하게 만들었다. 노래방에 어찌 비유하리. 밤이 깊어가는 줄도 모르는 우리에게 한여름 밤의 이슬이 촉촉이 내렸다.

여행지에서 맞는 아침은 상쾌하기 그지없었다. 아침 식사 시간, O 선생님의 여행 노하우는 역시 대단했다. 어제 승용차 안에서 그리 많이 먹어댔는데도 거한 웰빙 식사가 컬러풀하게 한 상 차려졌다. 모싯잎 송편에 토마토, 색색의 파프리카, 포도, 누룽지, 과일 주스까지…. 온천에 행차했을 임금님 수라상이 부럽지 않았다. 상하지도 굳지도 않게 보관도 어찌 잘했는지 O 선생님은 우리 모임의 보급부장 자리를 즉석에서 임명받았다.

맛있게 먹고 감사하며 창밖을 내다보았다. 환한 햇살 대신 안개가 자욱하게 깔려있다. 강렬한 태양 대신 은근한 안개의 매력을 느끼며 봉수산 휴양림에 도착했다. 산책길을 걷기도 하고 다음에는 가족과 함께 올 요량으로 휴양림의 이모저모를 알아본 다음 전국에서 가장 크다는 예당저수지로 향했다.

맑은 날에는 넓은 호수의 둘레와 끝이 시원하게 보인다는 저수지는 안개로 인해 전체를 관망할 수 없었지만 안개 속으로 희미하게 보이는 풍경도 나름 좋았다. 석미경의 「물안개」를 흥얼거리며 저수지를 배경으로 잘 꾸며진 멋진 야외공연장도 보았고 젊은 부부가 공원 누각에 앉아 굽는 고기 냄새에 군침도 삼켜가며 조각공원도 둘러보았다.

그리 예쁘지도 밉지도 않은 우리들의 얼굴과 몸매를 사진기에 담으면서 빠질 수 없는 수다에 박장대소도 했다. 그런 우리를 시샘이나 하듯 빗방울이 굵어진다. 출장 나온 소방관에게 점심식사 장

•• 바닷물이 갈라져 육지가 된 간월도

소를 물어보는 엉뚱한 보급부장 O 선생님을 보며 한참 웃었다.

거세지는 빗줄기에도 아랑곳하지 않고 전주에 도착시간이 좀 빠를 것 같다고 부근에 있다는 계족사로 향하는 세 여인의 간 큰 여정이다. O 가이드는 부근의 명소를 척척 안내한다. S 기사 역시 척척이다. 그래서 더욱 즐겁고 알찬 여행길이 되고 있었다.

황톳길의 유명세를 듣고 가보려는데 거리가 좀 멀다는 등산객의 안내에 망설였다. 빗줄기가 굵어지고 길이 미끄러워서 다음에 보기로 하고 산을 내려왔다. 유성을 빠져 나와 호남고속도로까지 오는 길에 아주 세찬 빗줄기로 앞이 잘 보이지 않아 우리는 그 길에서만 유일하게 조용했던 것 같다. 유성을 빠져 나오니 빗줄기가 다행히 약해졌다. 전주에 가까워지자 우리는 자주 여행을 가자는 결의로 여행을 마무리했다. 운전에 수고하신 S 선생님, 총괄 안내에 갖가지 음식 준비까지 완벽하게 하신 O 선생님, 정말 수고하셨습니다. 그리고 즐거웠습니다. 두 분 덕분에 아주 훌륭한 추억이 또 쌓이게 된 것 같네요. 우리 구구 팔팔 이삼 사 합시다!

2014년 8월 14일 목요일

1박 2일 무작정 떠난 여행을 마치고

02

품 안에
뜰 안에

아침에 눈을 뜨면
내 품안의 어린이들이 떠오릅니다
창문을 열면
맑은 얼굴들이 햇살로 쏟아집니다

이슬을 머금은 영롱한 마음에
햇살은 해맑은 아름다움을 주었고
보슬비는 풋풋함을 주었으며
줄기찬 소나기는 꿋꿋함을 주었습니다

거대한 가능성으로
찬란한 꿈을 가진
내 뜰 안에 노니는 모든 아이들은
무엇이든 해낼 수 있는 작은 거인들입니다

여러분들의 하늘은 더욱 높고 맑습니다
여러분들의 세상은 더욱 넓고 탄탄합니다
얼마든지 멀리, 높이 뛰고 날 수 있습니다

여러분들을 바라보면 힘이 솟고
무한한 미래가 보입니다
믿음직스럽고 희망이 생깁니다.

오늘도
내 안의 아이들의 시끌벅적한 웃음 속에 또 하루가 갑니다
자신을 사랑하고 이웃을 사랑하며
바르고 건강하게 몸과 마음이 자라서
훌륭한 인격자가 되리라 선생님은 믿습니다
그래서 선생님은 오늘도 기도를 합니다

2001년 6월 20일 수요일
교실이 떠나갈 듯 떠드는 1학년 너희들을 바라보며

첫 발령

1971년 2월 싸락눈이 내리는 겨울 한 날, 검정색 한복에 사각모를 쓰고 2년 동안 열심히 공부했던 대학을 졸업하게 되었다. 졸업식은 4년제 대학과 비교하면 소박했던 것으로 기억된다.

일 년 전부터 교사 적체현상이 나타나기 시작했다. 그래서 특별히 공부를 잘했던지 또는 예체능에 특기가 있는 학생을 제외하고 우리 동기생 360명 대부분은 학교 배정을 받지 못하고 군 발령만 받아 놓고 대기하는 상태였다. 그런 이유로 선생님을 꿈꾸던 나는 졸지에 시골에서 조부모님의 식사준비와 말벗을 해 드리는 역할을 맡았다.

봄이 왔고 스물한 살 나물 캐는 처녀는 자연의 교실에 푹 빠져 지냈다. 소를 모는 목동은 없었고 대신 갓 시집 온 옆집 새색시와 뒷집의 영하 언니 그리고 나, 이렇게 셋은 눈만 뜨면 바구니를 옆에 끼고 넓은 들판을 온종일 누비고 다녔다.

뭐가 그리 우습고 좋은지 웃음이 마를 틈이 없었다. 가랑잎 구르는 것만 봐도 웃는다는 감성 많은 젊음, 스무 살 갓 넘은 세 여인들이 아니었던가. 논바닥에서는 자운영과 뚝새풀, 논둑에서는 쑥부쟁이와 쑥, 그리고 고춧대가 말라 서 있는 빈 밭에서는 냉이를 바구니에 가득가득 채웠다. TV도 없던 시절, 나물을 캐는 우리들의 대화는 전날 일어났던 단조로운 일상의 이야기가 전부였지만 그래도 우리는 항상 새롭고 즐겁기만 했다. 발령에 대한 궁금증이나 조바심도 없던 내 인생에서 가장 맘 편하고 즐거웠던 시절이었다.

이른 봄 날카로운 찬바람은 꽃샘추위를 제대로 느끼게 해주었지만 봄볕은 등을 따뜻하게 얼러주기도 했다. 봄볕에 그을리면 임도 몰라본다기에 챙이 넓은 모자에 머플러로 완전무장을 하고 눈만 빼꼼 내놓았지만 본래 피부가 검은 나는 내가 봐도 온통 시커먼게 원주민 그 자체였다.

3월의 마지막 날, 그날도 아침을 먹기가 바쁘게 영하언니와 냇가로 쪼르르 달려갔다. 금방이라도 물속으로 빠질 듯한 자세로 돌미나리 캐기에 재미가 붙었다. 돌미나리는 깨끗한 물가에서 자랄수록 초록빛이 더욱 선명하고 싱싱하게 자라 사랑스럽기까지 하다. 튼실한 돌미나리 한 줄기를 왼손으로 잡고 오른손으로는 칼을 미나리 뿌리 깊숙이 넣어 살짝 누르고 들어 올리면 향긋한 돌미나리가 하얀 뿌리째 쏘옥 올라온다. 그런 돌미나리는 얼마나 상큼하고 탐스러운지 몇 개만 담아도 소쿠리에 가득 찬다.

"심심산천에 백도라지~

한두 뿌리만 캐어도 대바구니 철철철 다 넘친다~"

노랫가락이 절로 나온다. 우리는 또 배를 움켜쥐고 웃으며 시간 가는 줄 몰랐다. 그때 "얘야~ 너 발령 났단다. 교육청에 빨리 가 보자!" 아버지께서 저 멀리 둑길 위에서 소리치셨다. 봄나물이 가득한 바구니를 옆구리에 낀 채 영하 언니를 바라보았다. 언니는 내 얼굴만 바라볼 뿐 아무 말도 하지 않았다. 지금 생각해보니 언니가 많이 서운했던 것 같다. 적적한 시골생활에서 또래 친구도 없는데 나마저 가버리는 것이 섭섭하고 다시 외로움 속에 던져질 것이 슬픈 것인지도 몰랐다. 이별인사도 하는 둥 마는 둥, 다 채우지 못한 바구니를 끼고 쫄랑쫄랑 집으로 돌아왔다.

할아버지께서는 덤덤하게 "잘 다녀오너라!" 하시고, 할머니께서는 "아이고 우리 손녀딸이 선생이 되었네, 얼씨구절씨구 기분 좋다~."라며 덩실덩실 어깨춤을 추시며 마을 어귀까지 따라 나오셨다.

언덕을 올라 돌아보니 저 멀리 냇가에서 영하 언니는 그대로 엎디어 혼자서 나물을 캐고 있었다. 언니는 가정환경이 어렵고 좀 복잡했다. 학교근처도 가지 못한 데다 귀까지 어두웠지만 마음씨만은 순결한 시골처녀였다. 나물을 캐면서도 중간 중간에 "넌 선생님이 되니까 좋겠다."라고 자기 일인 양 좋아해 주었는데, 저 너른 들에 혼자만 덩그러니 있는 모습이 쓸쓸해 보였다. 큰소리로 언니를 불러 보았는데 역시 들리지 않는 모양이다. 두 손을 크게 휘저

으며 “언니 얼른 갔다 올게!”라고 외치고 성큼성큼 걸으시는 아버지 뒤를 뛰다시피 쫓아갔다.

정읍 교육청의 분위기는 매우 엄숙해 보였고 직원들은 모두 근엄해 보였다. 이제 정말 선생님이 되었다는 실감이 나면서 가슴이 두근거리기 시작했다. 나는 그저 여기저기로 다니면서 차근차근 일을 처리해 가는 아버지 뒤만 따라 다녔다. 다른 발령자들 대여섯 명은 혼자 일을 처리하는데 보호자를 앞세운 사람은 나뿐이었다. 입학원서를 제출할 때도 아버지와 함께였고 시험을 치르는 날도 함께, 졸업식장에도 아버지의 축하를 받았는데 오늘도 역시 아버지께서 일을 봐주신다.

한참 후 ‘감곡국민학교를 명함, 4월 1일, 교육장’이라는 사령장을 받아들고 신태인행 완행버스를 탔다. 감곡으로 직접 가는 버스가 없어 신태인에서 갈아타야 한단다. 비포장도로를 한참을 달렸다. 정차하는 곳도 많은 데다, 크고 작은 보따리를 이고 진 시골 할머니들이 타고 내리는 데 시간이 많이 걸렸다. 버스가 멈출 때마다 뿌연 흙먼지가 버스 안으로 들어와 눈을 질끈 감고 입은 꽉 다물어야 했다. 다시 달리는 버스가 만드는 흙먼지구름이 앞으로 내가 걸어가야 할 삶처럼 불투명하기만 했다.

버스에서 내려 신작로의 이정표를 보니 학교까지 350미터라고 씌어 있었다. 면사무소를 돌아 내리막길을 내려가니 태극기가 펄럭이는 학교가 보였다. 논 가운데에 있는 학교는 측백나무 울타리가 둥글게 빙 둘러 넓은 운동장을 품고 있었는데 36학급이나 되는 제법 큰 면소재지 학교였다.

운동장으로 들어서니 아름드리 느티나무가 교문 옆에 떡 버티고 서서 우리를 반겨주었다. 아버지는 망설임 없이 교무실로 나를 이끌었다. 내 기억 속의 아버지는 언제나 당당하고 용감하셨고 나에게 일어나는 모든 일은 다 해결해주시는 멋진 해결사였다.

약간 어둑한 교무실로 들어서니 머리가 시원하게 벗겨진 교감선생님이 친절하게 맞아 주셨다. 돋보기를 콧등에 걸치고 위아래로 나를 살펴보던 교장선생님, 영락없이 시골 농부 같은 중년의 남자선생님들, 멋을 한층 부리신 여선생님들, 모두가 낯설어 부끄럽고 어렵기만 했다. 몇 가지 주의사항과 당부를 교장선생님에게 들으면서도 나는 영하 언니와 너른 들판으로 나가고 싶은 생각뿐이었다.

다음날 첫 출근길, 할아버지는 언제 준비하셨는지 화사한 주황색 캐시미어 이불과 연두색 요를 양손에 들고 계셨고, 할머니는 내 옷가지 등을 싼 짐을 머리에 이고 활짝 웃고 계셨다. 두 분은 대문간을 지나도 동구 밖을 지나도 짐을 넘겨주지 않았다. 철없는 손녀 선생님을 위해 그날 두 분은 근무지 하숙집까지 나를 따라오셨다.

내 인생 최초의 수업은 운동장 조회였다. 학급 수에 비해 학생 수가 너무 많아 아이들이 운동장을 가득 메우고 있었다. 단상에 올라서는데 부끄러워 고개를 들 수가 없고 몸 둘 곳을 모를 지경이었다. 나의 국민학교 시절 여선생님 한 분이 부임 인사를 하시려고 단상에 올라와서 입을 떼지 못하고 옷고름을 입에 살짝 물고 몸을 꼬며 살며시 뒤로 돌아서던 장면이 기억으로 떠올랐다.

교장선생님의 소개를 받고 부임 인사를 하긴 했는데 시선은 어디에 두었는지 무슨 말을 했는지 아무 생각이 나질 않았다. 선배선생님들의 걱정과 격려를 동시에 받으며 교감선생님의 안내로 내가 맡을 4학년 1반 교실로 갔다.

황토 위에 놓인 거친 시멘트 디딤돌을 밟고 가서 또 계단을 따라 아래로 몇 계단을 내려가니 금방이라도 쓰러질 것 같은 낡은 건물이 나타났다. 교실 바닥도 시멘트로 대충 발라 놓아서 울퉁불

1971년 가을 초임지의 운동회 모습

퉁했다. 시멘트 교실 바닥에는 크고 작은 황토덩어리가 굴러다니고 있었고 유리창은 반 조각씩 그것도 몇 개만 끼어있고 나머지는 누런 종이로 붙여 놓았다. 굵은 각목으로 대충 만들어진 책걸상은 높이도 제대로 맞춰지지 않았고 더구나 흉기로 마구 긁힌 책상은 글씨나 제대로 써 질지 의문이었다. 칠판은 색이 바래서 회색빛에 가까웠다. 한숨이 절로 나왔다. 열악한 환경에 혼자 내동댕이쳐진 것 같아 암담했다.

머리를 박박 민 덩치가 엄청 큰 아이, 머리와 피부에 부스럼을 이고 있는 아이, 누런 코를 얼마나 흘렸는지 콧길이 만들어진 아이 등등, 11~15세 사이의 억센 남학생으로만 구성된 63명 소년들 앞에 서긴 섰는데 이 아이들을 앞으로 어떻게 감당해야 할지, 무엇보다 내 관상을 보려는 듯 떡 버티고 앉아 눈을 부릅뜨고 쳐다보는 선머슴 같은 아이들을 보는 순간 신출내기 선생은 겁이 나고 두렵기까지 했다. 선배선생님들이 왜 걱정과 위로를 해주셨는지 알 것 같았다. 남자의 기질이 드러나기 시작하는 이 아이들과 초보 여선생은 과연 일 년 동안 어떤 생활을 펼쳐 나가게 될까.

나는 물러서지 않을 거다. 이제 너희들은 네 손안에 들어와야 한다. 냉이만 캐던 봄 처녀는 되지도 않을 눈싸움을 시작했다. 아이들은 영하 언니처럼 알 듯 모를 듯한 미소로 봄 처녀를 마주보고 있었다. 따뜻한 봄바람이 플라타너스 사이를 가로질러 교실로 불어오고 있었다.

1991년 4월 1일 월요일

근속 20년을 맞아 첫 발령을 추억하며

교실 음악회

소프라노, 테너, 바리톤, 알토 등 각양각색의 음색이 복도라는 기다란 스피커를 타고 들려온다. 솔로가 되었다가 이중창이 되었다가 때론 합창도 선보이던 아이들의 웅성거림은 수업 시작 종소리와 함께 노련한 지휘자인 선생님들의 손동작에 의해 곧 잠잠해진다.

우리 반은 지금 아이들이 제일 좋아하는 체육시간이다. 체육전담 선생님을 따라 운동장으로 신나게 뛰어 나갔고 조용한 교실에 나 혼자 앉아 다른 교실에서 새어나오는 학습 분위기를 읽고 있는 중이다.

나지막한 음성으로 조용조용 설명을 하시는 선생님, 수학 공식에 대입시켜 열정적으로 가르치시는 선생님, 열심히 설명하다 갑자기 두 옥타브쯤 목소리를 올려 소리를 지르시는 선생님, 재미있는 이야기가 나왔는지 교실이 떠나갈 듯 자지러지는 아이들의 웃음소리 등이 다양한 레퍼토리로 만추의 음악회를 만들고 있다.

지난 시간 이 교실에선 까다롭고 복잡한 '도형의 넓이계산' 수업이 있었는데 나의 칼칼한 소프라노 목소리는 몇 옥타브나 올라갔을까? 또 몇 번이나 아이들과 불협화음을 만들었을까? "원리만 알면 쉬운 거야, 공식에 맞추기만 하면 돼, 생각을 잘해보면 누워서 떡 먹기보다 더 쉬워!"라고 강조하며 자세하게 설명했지만 아이들에게는 얼마만큼 이해되었을까.

"칫, 말은 쉽지. 누워서 떡 먹기보다 쉽다고? 누워서 먹다가는 떡 고물이 눈에 들어 갈수도 있고, 잘못 삼키면 목에 걸릴 수도 있는데…. 그건 선생님 생각이죠. 선생님은 지금 어른이 되었으니까 쉽죠. 우리처럼 어릴 때 쉽게 공부 잘하셨어요?" 아이들의 원망 섞인 질문이 가슴속으로 날카롭게 파고 들어온다.

교육과정 중에는 유난히 난이도가 높아 혼신의 힘을 기울여 설명을 해도 이해를 잘 못하는 시간이 있어 '아이고 죽겠다.'라는 말이 절로 나올 때가 있다. 더 많이 더 열심히 가르치라고 독려하는 사람이 옆에 없는데도 우리 선생님들은 혼자 화를 냈다 열을 냈다 경우에 따라서는 사랑의 매까지 들고 속상해 한다. 이렇게까지 하지 않아도 각자의 역량대로 잘 살아갈 아이들인데 선생님들은 마음을 놓지 못하신다. 그중에서 가장 어리석은 사람은 혼자 열을 내는 사람인데 나는 그런 면에서 둘째가라면 서러울 것 같다. 아이들을 너무 사랑하기에 그 아이들이 가진 능력을 제대로 활용하지 못하는 것 같아서 또 아이들이 조금 더 잘할 수 있을 것 같은데

•• 체육수업을 하는 아이들을 바라보며 몇 자 적어보는 저자

노력하지 않는 모습이 안타까워 선생님들은 답답해하는 것이다. 모두가 사랑과 열정이 가득하기 때문에 오늘도 지휘봉으로 악보만 그리지 않고 죄 없는 교탁과 칠판을 무수히 두드려댄다.

그런데 선생님들이 소리를 꽥 질러도 아이들은 이제 여간해서는 놀라지도 않는다. 선생님들은 제 풀에 꺾여 스스로 진정해야 하는 상황이 하루에도 몇 번씩 되풀이된다. 이렇게 몇 년을 아이들과의 신경전으로 에너지를 쏟다보니 이제 아이들의 눈빛만 봐도 속마음을 훤히 알 수 있다. '요 녀석들, 아무리 능청을 떨고 앉아 있어도 숙제를 해오지 않아 불안해 죽겠지. 오늘은 1분단만 검사를 했으면 좋겠지. 근데 난 그렇게는 못하겠단 말이다.'

몇 반인지는 잘 모르겠는데 멀리서 오르간 소리에 맞춰 맑고 깨끗한 꼬마들의 합창소리가 들려온다. 다듬어지지 않았고 세련된

화음이 아니지만 천진한 목소리를 듣자니 예쁘고 귀여운 꼬마들의 얼굴이 그려진다. 재미있게 웃음 띤 얼굴로 열심히 부르는 여자아이도 보이고, 장난치며 건성으로 불러대는 남자아이도 보인다. 합창이 마무리되기 무섭게 옆 교실에서는 낮은 바리톤의 호랑이 선생님의 불호령이 떨어진다.

체육활동이 펼쳐지는 운동장을 바라본다. 어려운 수학문제는 아예 포기하고 연필만 굴려대는 현이가 제일 신났다. 몸이 날쌔어 달리기는 잘하는데 공도 잘 차는지 이리저리 뛰는 모습은 그야말로 신바람이다. 깨끗하고 맑은 시냇물 속 예쁜 물고기 떼들이 몰려다니듯 아이들이 현이 주위로만 몰려다닌다. 그래 넌 체육 특기생이다. 근데 저 체육시간이 끝나면 딱딱하고 머리 복잡해지는 사회시간인데 내가 더 걱정이다. 어떻게 그 시간을 잘 맞이하고 마칠 수 있을까. 각 교실의 수업이 마무리 단계로 들어가는가 보다. 한 시간 동안 열심히 배웠던 것들을 공책에 옮겨 쓰기도 하고 나름대로 정리들을 하는 중인지 조용하다.

국민 학교 시절의 나는 군 단위 예능경연대회에 나가 독창으로 상도 몇 차례 받았고 중고등학교 때는 합창부도 했었다. 성인이 되어서는 트로트를 제법 간드러지게 불러서 가수하라는 농담도 들었는데 지금은 한 옥타브도 소화시키지 못하는 성대를 가지고 있다. 굵고 낮은 나의 목소리는 미워할 수 없는 우리 아이들이 내게 준 선물이다. 말을 많이 하고 큰소리를 질러 댄 선생님들에게서 보이는 일종의 후유증이다.

끝나는 시각을 알리는 종소리가 나기가 무섭게 복도가 쿵쿵 울려온다. 우르르르~ 우리 반 아이들이 체육을 마치고 뛰어 들어온다. 무엇이 그리 바쁜지 걸어 들어오는 아이는 한 명도 없다. 숨이 목까지 차올라 어찌할 바를 모르면서도 뛰어 들어온다. 책걸상도 같이 뛴다. 그렇게 조용히 사뿐사뿐 걸으라고 쉼 없이 잔소리를 해대건만 뛰어야만 직성이 풀리는가보다. 선생님이 보고 싶어서도 아니고 다음 시간이 기다려져서 뛰는 것은 더욱 아닐 텐데도 초원의 동물들처럼 맹렬히 뛰어 다닌다.

자리에 앉을 생각도 하지 않고 헐떡이는 숨을 몰아쉬며 교실 구석구석을 수다스럽게 돌아다니면서 온갖 간섭을 다 하는 녀석, 아직도 공차기에 미련이 남았는지 승부를 들썩이며 잘잘못을 따지는 녀석, 교실은 시끌벅적 소란스럽기 짝이 없다. 그 와중에서도 다음 시간 준비를 하는 착실한 녀석들도 간혹 있긴 하다. 이 녀석들은 나중에는 어떤 모습들로 변해 있을까? 삶의 운명이 허락한다면 교단이 아닌 다른 곳에서 우리는 또 만날 수 있겠지. 그땐 그때고, 지금은 나도 다음 시간 준비를 해야겠다. 다음 시간 우리 교실은 어떤 화음이 나올까. 아마 변주곡의 형태가 되지 않을까.

나의 지휘하는 목소리를 다른 선생님들은 어떻게 듣고 평가할까. 우리 반의 합창은 어떻게 들리게 될까. 잡담도 지쳤는지 책을 후다닥 펴놓고 비교적 얌전히 앉아있는 아이들의 눈이 내게로 모인다. 자 시작해 볼까, 나는 지휘봉을 들고 교과서를 펼친다. 악보가 눈에 들어온다.

1994년 11월 4일 금요일

3교시 체육시간에 운동장을 바라보며

어른들 잘못이다

전 학교로 부임한 지 2년밖에 되지 않았는데 개인적인 사정으로 학교를 옮기게 되었다. 갑작스런 결정으로 우리 반 아이들과 학부모님들에게 작별인사를 하지 못해 서운하고 미안했다.

새로 부임한 학교는 학생 수나 교육 환경이 전 근무지와 비슷했다. 면 소재지에 위치한 것도 그렇고 주민들 생활여건도 비슷했다. 그런데 이상하게도 아이들의 생활태도가 많이 다르다는 것을 금세 알 수 있었다. 서로 질투, 시기하는 모습이 겉으로도 보였다. 일을 맡기면 서로 눈치를 보며 아이들답지 않게 이해관계를 따지는 듯했다. 내 앞에서도 불편하거나 귀찮다 싶은 일에는 아예 눈과 귀를 닫아버리는 태도를 보였다.

학부모들의 직업은 농업에 종사하거나 영세한 상인들이었는데 무직인 경우가 더 많았다. 양부모 가정보다는 조손 가정과 편부모

가족 비중이 많은 것도 특이한 점이었다. 부모님 사랑과 정이 모자라서 선생님의 사랑과 정을 더 필요로 했는지 내 주위를 괜히 맴도는 아이들이 많았다. 저만의 얘기를 혼자 재잘거리기도 하고 그림을 그려와 보여주는 아이들도 있었다. 교육적으로 우려되는 점은 아이들 언행이 거칠다는 것이었다. 어른들의 말투를 흉내 내기도 하고 교실 밖에선 욕설도 난무했다. 세심한 관찰과 지도가 많이 필요한 아이들이었다.

그래서 인성교육을 중점적으로 가르쳤다. 준법정신과 봉사정신을 가르치고 생활 속에서 실천할 수 있도록 지도했는데 얼마나 지켜질지 의문이었다. 남을 배려하고 서로 사랑하면서 학급 일을 함께하자는 당부를 매일 입에 달고 살았다. 그렇게 한 달을 보내고 회장단과 반장 부반장 등 학급 임원을 선출하는 날이 되었다. 민주적인 절차에 의해 후보가 추천으로 정해지고 비밀투표와 공개개표가 이루어졌다. 회장과 임원 당선자가 교단에 올라서 차례대로 당선소감을 말하고 아이들은 박수로 그들만의 선거를 자축했다. 나도 무사히 큰일을 하나 마쳤는데 뿌듯함이 들기는 한데 뭔가 개운치 않은 느낌이 들었다. 아이들과 만난 지 한 달이 되지 않아서 아직은 개개인을 확실히 파악하지 못했다고는 하지만 이십여 년 교직 경험에서 나오는 직감이 경고신호를 보내고 있었다.

회장으로 선출된 아이는 전혀 예상하지 못했던 아이였다. 물론 성적이 좋아야 하고 행동이 올바르고 단정한 품행을 갖춰야 한다는 것이 필요충분조건은 아니다. 리더십이 있고 좀 똘똘한 성격만 있어도 한 반을 이끌어가기에 충분했다. 최소한 아이들 앞에서 자신의 의사를 분명히 나타낼 정도는 되어야 하는데 신임 회장은 그런 면이 전혀 보이지 않았다.

회장 아이는 부모님의 이혼으로 당분간만 친척집에 머무르기 위해 3월 초에 전학을 왔다. 첫날부터 어딘지 모르게 안정되지 않고 겁먹은 얼굴을 해서 눈여겨보았다. 부모에게서 떨어진 서글픔과 그리움, 친척집에서의 편하지 않은 듯한 생활 등, 어린아이가 견디기에는 힘든 여러 가지 상황이 아이를 더욱 어렵게 만들고 있는 듯했다. 말수도 적고 내성적인 성격으로 아직 친구와 잘 어울리지도 못하고 학교생활에 적응도 미처 못한 상황인데 덜컥 회장에 당선된 것이다.

교사의 판단으로는 아이가 지적발달장애도 조금 가진 듯하다. 그런데 회장으로 뽑히다니, 의아한 생각이 꼬리를 물었지만 뭔가

•• 도 지정 예절 연구수업을 잘 해낸 우리반 아이들

내가 모르는 아이들의 세계가 있겠지 하는 생각과 또한 일을 맡겨 놓으면 숨겨진 재능이 나와서 제법 잘 해내는 아이들을 보아왔던 터라 지켜보기로 했다. 그러나 '저 아이에게도 무슨 특별한 능력이 있을 거야.'라는 막연한 기대감은 일주일 후 열린 제1회 학급 어린이 회의시간에 산산이 깨지고 말았다.

힘겹게 교단으로 올라간 아이는 바르게 서지도 못한 채 한참을 고개만 숙이고 있었다. 5학년이 될 동안 회의를 진행해보지는 않았더라도 회장의 역할 정도는 알고 있었을 텐데 말문을 떼지도 못했다. 아이들의 웃음소리와 야유가 섞인 아우성이 커져갔다. 회의 진행의 반은 다른 임원들이, 반은 내가 도와줘서 일단 회의를 마치기는 했다. 머릿속이 복잡했다. 아이에게 회의 진행 방법만을 가르쳐서 해결될 일이 아니었다. 분명 임원선거에 문제가 있어 보이는데 단서가 없었다.

다음 날 오후, 일기장 검사에서 마침내 단서를 찾아냈고 아이들에게 머리를 세게 한 대 얻어맞은 기분이었다. 어제 학급회의를 마친 소감을 두어 아이가 일기에 써내려갔다. 앞뒤를 맞춰보니 선거의 전말은 이런 것이었다. 전학 온 아이를 회장을 시켜 곤욕을 치르게 해주기로 저희들끼리 약속하고 몰표를 던진 것이었다. 회장 아이가 회의 진행을 못하고 쩔쩔매는 모습과 선생님의 당황해하는 모습이 고소하기도 했으며, 그렇게 자기들의 예상대로 일이 되어서 무척 재미있었다는 내용도 있었다.

순수해야 할 아이들이 감히 어른들도 생각 할 수 없는 일을 어떻게 했단 말인가? 선생님도 속이고 말이다. 요즘도 선거철만 되면 선심성 관광에 술잔치에 돈 봉투가 날아다닌다던데, 이런 불법 선거 풍토가 우리 아이들에게도 전염되지 않았나 하는 걱정이 되었다. 한편 괘씸하기도 했다. 불우한 환경 때문에 전학 온 친구에게 다정하게 대해주지는 못할망정 골탕을 먹일 생각을 하다니, 게다가 그 아이는 지적발달도 더딘 친구가 아니었는가 말이다. 이 모든 것이 다 어른들의 잘못처럼 느껴지기도 했다. 우리 사회가 약자를 감싸고 낮은 곳으로 시선을 두는 역할을 제대로 한 적이 있던가.

그 후 두 번의 학급회의를 더 진행했지만 회장 아이는 조금도 나아지지 않았다. 오히려 창피하고 부담스러워 학교에 오기 싫다는 마음을 일기장에 적어놓기까지 해서 가만히 있을 수만은 없는 노릇이었다. 임시회의를 열었다. 아이들이 작당한 것은 모르는 척하고 회장의 직책을 부담스러워 하는 친구를 도와주는 방법을 생각해보자고 설득했다. 아이들의 의견이 모아졌다. 회장 직책은 그대로 두고 회의 진행은 경험이 있는 다른 임원이 맡기로 결정했다. 아이들은 문제를 해결할 방안도 마련해두고 있었던 것이다. 영악한 것인가? "이런 게 바로 함께 살아가는 우리 사회의 민주적 방법입니다!"라는 말을 몇 번을 강조하고 회의를 마쳤다. 문득 내 말이 공허하게만 느껴졌다. 회의시간 내내 회장 아이는 주눅 든 모습으로 말없이 멍하니 앉아 있었다.

그래 모든 게 우리 어른들 잘못이다. 너희들의 깨끗한 거울이 되 주지 못해 미안하기만 하구나.

1995년 4월 26일 수요일

새 학기 5학년 교실에서 담담한 마음으로

내일은 정치인

매주 금요일 6교시는 '학급어린이회의' 시간이다. 우리 4학년 1반 어린이들은 국기에 대한 경례에 이어 애국가를 힘차게 부르고 있다. 남학생들을 제치고 당당히 회장으로 당선된 여학생 회장의 진행에 따라 학급 회의가 시작되었다. 앞으로 한국사회에 여성들의 사회적 위상이 얼마나 신장될지 궁금해진다. 학교에서도 작은 변화가 감지된다. 몇 년 전부터 여학생들이 회장을 맡는 반이 눈에 띄게 많아졌다. 급기야 전체회장을 여학생도 출마할 수 있게 해달라고 요구하는 학생과 학부모의 목소리도 들려왔다.

의식을 마치고 자리에 앉자마자 잡담을 하고 장난거리를 찾는 회원들이 대다수이다. 하지만 회장을 보좌하여 회의를 원만하게 진행시켜 나가는 부회장과 서기 등의 의젓한 모습도 볼 수 있다. 교사도 쉽지 않은 칠판 글씨를 제법 잘 쓰는 서기는 조금 으스대는 것도 같다.

회의를 주의 깊게 보면 아이들의 성격을 읽을 수 있다. 수업시간에는 별 활기도 없고 발표도 주저하는 아이가 회의 시간만큼은 자기 의견을 굽히지 않고 주장하는 경우를 볼 수 있다. 토론이 붙는 경우 물러서지 않는 것을 보고 있자니 훗날 국회의원 자리 하나는 할 것 같기도 하다. 눈치가 빨라 힘 있는 친구의 의견에 찬성하는 회원도 있고 나하고는 상관없는 일이라는 듯 침묵을 지키고 앉아있는 회원도 있다. 저 아이들만 할 때 나는 회의 시간에 어떤 아이였을까. 선생님은 내가 어떤 사람으로 성장할지 짐작을 하고 계셨을까.

국민학교 6학년 때의 일이었다. 지금도 현직에 교장으로 계시는 당시의 담임선생님께서는 나를 참 예뻐해 주셨다. 키가 작았던 나는 선생님의 책상 앞 맨 앞자리에 앉아서 쉬는 시간까지도 선생님의 일거수일투족을 항상 지켜보게 되었다. 선생님은 눈도 잘 맞춰 주시는 다정한 분이셨는데 조금 내성적인 나는 그런 선생님 덕에 학교생활이 즐거웠다.

성적은 그런대로 괜찮았던 것 같다. 그래서 학급 임원은 물론 전교 임원에도 매 학년마다 뽑혔다. 그런데 문제는 발표를 한 번도 못하고 그냥 참석만 한다는 것이었다. 하루는 점심시간에 선생님께서 나를 가만히 부르시더니 당신의 무릎에 앉히고 말씀하셨다.

"왜 네 의견을 발표 하지 못하지? 부끄러워서? 자신이 없어?" 선생님은 학급회의 때는 물론이고 전교어린이회의 때도 줄곧 나를

•• 날 예뻐해 주신 선생님과 친구들, 서울 수학여행에서(뒷줄 오른쪽이 저자)

지켜보신 것이다. 난 아무 대답도 하지 못했다. 나보다 나를 더 잘 아시는 선생님이셨기 때문이다. 친구들의 눈총이 따가웠다. 그 자리를 벗어나고 싶은 마음뿐이었다. 부끄러워 얼굴은 화끈거리고 어쩔 줄을 모르겠는데 눈치 없는 선생님은 계속 물어보셨다. 선생님은 전교회의에 참석해서 발표할 안건 한 가지를 설명하시며 제안 설명까지 자세히 적어 주셨다. 그리고 꼭 발표하겠다는 나의 다짐을 받아내고서야 무릎에서 내려놓으셨다.

그날 오후 나머지 수업을 어떻게 마쳤는지 모르겠다. 공부도 다들 잘하고 언변도 좋은 똑똑한 4,5,6학년 학급 대표들만 모이는 자리에서 발표를 하기로 선생님과 약속을 했으니 공부가 제대로 될 리 없었다. 머릿속은 온통 뒤죽박죽이었다. '발표하다 실수라도 해서 웃음거리가 되면 어떻게 하지. 선생님께서 써주신 내용이 너무 좋아서 엉뚱한 상황이 벌어지면 어떻게 감당하지. 차라리 발표를 하지 말까. 그러면 선생님께서 실망하시고 날 미워하게 될 거야. 어떻게 하지.' 내 가슴은 걱정으로 두방망이질치고 있었다. '일이 잘못된다면 전학을 가야할지도 모르는데?'라는 데까지 생각이 이르자 자식들 교육에는 조금의 양보도 없는 엄한 엄마의 얼굴이 떠올라 무서워졌다.

드디어 7교시 '전교어린이회의' 시간이 되었다. 생활담당인 5학년 선생님 교실로 갔다. 책받침, 수첩, 필통을 들고 주머니에는 선생님께서 적어주신 메모지를 시한폭탄처럼 집어넣었다.

국민의례가 엄숙하게 끝나고 주 생활목표를 제안할 차례였다. 선생님이 적어준 메모는 이 시간에 발표를 해야 할 내용이었다.

가슴이 두근거리고 온몸이 떨리는 것을 나보다 옆 친구가 더 잘 알 것 같았다. 그날따라 회장의 진행 솜씨는 어쩌면 그렇게 막힘없이 진행되며, 아이들은 발표를 왜 그렇게들 잘하는지 나는 끼어들 틈이 없었다. 차라리 발표를 하지 않는 게 나을 것 같아 복도 창가를 흘낏 보았더니 역시나 담임선생님이 지켜보고 계셨다. 선생님께서는 나와 눈이 마주치자 손을 높이 들어 보이며 얼른 발표를 하라는 수신호를 강하게 보내왔다. 그리고 빙그레 웃어 주셨다. 순간 나도 모르게 용기가 생겼다. 나도 따라 웃었던가. '에라 모르겠다. 까짓것 한번 해보자!' 회장을 향해 손을 높이 들었다.

처음에는 메모지를 책상 위에 펴놓고 말하듯 읽다가 나중에는 큰 소리로 교과서를 읽듯 했다. 커진 내 목소리는 자신감의 표출이 아니라 당황하고 떨려서 빨리 이 상황이 끝나라 하는 비명과도 같은 것에 가까웠다. 발표를 마치고 선생님을 먼저 바라보았다. 창가에 서 계신 선생님께서는 환히 웃으면서 주먹 쥔 손으로 파이팅을 해주시고는 자리를 뜨셨다.

해냈다! 회의 분위기는 어찌되던 이제 나와는 상관없는 일이었다. 책임감과 의무감에서 해방이 되었다. 앞으로도 선생님과의 관계를 걱정할 필요가 없어졌고 애들한테 놀림 받을 일도 없어졌다. 교실로 돌아오는 나의 발걸음은 개선장군이 따로 없었다. 그런데 내가 그렇게 힘들고 큰일을 해냈는데도 우리 반 임원들은 아무 일 없었다는 듯 집에만 빨리 가려고 서두르고 있지 않은가. 칭찬을 들어도 엄청 많이 들어야 할 것 같은데 애들한테는 별일이 아니었나? 집에 가서 엄마한테도 제일 먼저 자랑하려고 했는데 그렇게 큰 일이 아니었나 싶기도 했다.

책가방을 챙기는 친구들에게 선생님께서는 "오늘 누가 발표를 제일 잘하고 왔어?"라고 말씀하셨지만 아이들은 아무 반응이 없었다. 분명 나라고 해줘야 할 것 같은데 아이들은 내내 침묵했다. 나만 완전 바보 같은 생각을 하고 있었나 보다.

선생님께서는 내 곁으로 오시더니 아무 말씀도 하지 않고 그냥 머리를 쓰다듬어 주셨다. 눈물이 날 것 같았다. 무슨 말씀을 하실지 다 알 것 같았다. 분명 내 뿌듯한 마음도 선생님은 알고 계실 것이었다.

그때의 경험은 알을 깨고 나오는 통과의례 같은 것이었다. 중학교, 고등학교 시절을 지나며 나는 점차 친구들에게 말도 잘하고 내 주장이 강한 성격으로 바뀌어 갔다.

지금 우리 반 학급회의에도 그 옛날 나와 같은 아이가 분명히 있을 것이다. 아이들 안에서 잠자는 가능성을 깨워줘야 하는 것이 교사의 참 역할일 것이다. 잘하는 아이들보다는 부족한 아이들에게 더 자상한 손길을 줘야 한다. 몇십 년 후 고정자 선생님 덕에 정치인이 되었다고 인터뷰 할 애가 나오지 말라는 법도 없지 않는가.

1994년 9월 16일 금요일

학급 어린이회의 시간을 지켜보면서

흔적

촉촉이 내리는 비가 만추의 적막감을 더해주고 있다. 교정도 덩달아 조용하다. 신종 플루 때문에 아이들 몇이 등교하지 못했다. 든 자리는 몰라도 난 자리는 안다는 옛말처럼 몇 명이 빠졌는데도 빈자리가 크게 느껴진다.

학교를 둘러 싼 산에서 내려오는 상큼한 공기가 좋다. 곱디고운 빛깔로 물들어 있는 단풍은 눈을 즐겁게 해주고 마음을 한층 편안하게 해준다. 학생 수가 얼마 안 되는 산골의 작은 학교는 사계절이 뚜렷하게 대비되어 오히려 시간개념이 명료해진다.

짙푸른 호랑가시나무 뒤로는 주황색 아기단풍나무가 어우러져 있고 그 옆으로 빨간 엄마단풍나무가 불타오르고 은행나무는 금가루를 흩날리며 서 있다. 봄에는 눈부신 초록의 향연이 한바탕 그려지고 여름이면 짙은 녹음 속에 몸을 숨긴 새소리가 교정을 감싼다.

가을에는 산속에서 내려온 다람쥐들이 도토리나무가 있는 야외학습장을 찾는다. 백설로 옷을 갈아입는 겨울은 어떤 아름다움과 정감을 불러일으킬지 기대가 된다.

작은 금강산이라 불러도 좋을 이런 자연환경은 정서를 안정되게 만들지만 교육자로서 느끼는 교육환경은 여유를 즐길 시간이 없다. 교육개혁이라는 시대적 요청이 교사의 길을 더욱 어렵고 힘들게 한다. 급변하는 시대에 부응하고 지적 능력이 우수하고 자유로운 의식을 가진 세대와 공감하고 발맞춰 가야 한다. 그러려면 교사는 자기 계발을 부단하게 해야 하는데 과연 나는 무얼 하고 있는 건지 막연히 두려워질 때도 있다.

수요자 중심의 교육은 당연하다. 그렇지만 수요자의 요구가 있다고 해서 현장에 바로 접목하는 것은 말처럼 쉬운 일이 아니다. 또한 사회적 공감대가 먼저인 일도 있는데 요구만 들어주다 보면 곤란한 경우가 발행할 수 있다. 직접민주주의로 선출하는 교육 행정가는 수요자와 공급자의 역할에 대해 신중하고 현명하게 조정해야 한다. 변화는 반드시 필요한 것이지만 공급자들이 급물결이라고 느낄 정도라면 속도조절이 필요한 것 아닐까.

무한경쟁시대에서 학교도 예외일 수 없다. 아이들은 경쟁에 매몰되어 있다. 타고난 저마다의 능력은 무시되고 일등이라는 목표만 바라보며 달려가야 한다. 아이들의 평가는 수치로 계량되어 줄을 세워야 하고 교사도 평가를 받아야 하며 학교전체도 서열이 존재한다. 모두가 행복한 교육이 필요하다. 아이들 곁에 좀 더 가까이 다가가서 정을 느끼고 서로 존경하고 사랑하는 사제지간으로

•• 날 잊지 말아라 물망초 사랑

남고 싶다. 교사들 간에 경쟁을 해야 하며 학부모와 학생들의 눈치를 보며 인기나 의식하는 교사는 진솔한 교육을 할 수 없다. 적어도 내가 경험한 바로는 그렇다.

한 아이가 성장하는 과정처럼 교육 또한 많은 시간이 필요하다. 참고 지켜보고…. 교육행정도 그렇게 진행되었으면 한다. 백년지대계라 하지 않던가. 학교 밖의 지나친 요구와 급변하는 행정에 맞추는 데 급급하다 보면 교사란 무엇인가에 대한 고민이 들 때가 많다. 이런 고민이 깊어 일찍 학교를 떠난 동료들을 많이 지켜보았다. 퇴직하는 자리에서 기쁨보다는 쓸쓸함이 엿보일 때가 더 많았다.

지난 몇십 년 동안 몸에 밴 가치나 의식이 캠페인이나 구호 제창 정도로 하루아침에 바뀔 수는 없다. 모든 일에는 순서가 있고 시간이 필요하다. 먼저 땅을 갈아엎고 새로운 가치를 심어 천천히 싹을 틔워야 그나마 모든 교육 구성원이 만족하는 열매가 자랄 것이라 생각한다.

나도 언젠가는 교단을 떠날 것이다. 시기는 중요치 않다고 생각한다. 지금이 될 수도 있고 내년이 될 수도 있지만 중요한 것은 나보다 훌륭한 선생님들 학생을 더 사랑하는 후배들이 있기에 언제든 부담 없이 떠날 수 있다는 것이다. 가르치는 보람으로 어려웠던 때를 극복할 수 있었다. 그런데 교육개혁이라는 슬로건 아래 교육공동체의 일원으로서 자랑스럽다기보다는 사회의 한 직업군으로서 다뤄진다는 것이 조금 안타깝다.

'이제 떠나야 할 때가 왔나.'라는 자문자답 시간이 길어지고 있다. 나는 학교에 어떤 흔적을 남겨놓았을까. 내가 아이들 손을 잡고 걷던 그 길은 지금 어떻게 되었을까. 뒤돌아보면 될 것이지만 두려워진다. 그 길에 잡초만 무성하지 않을까. 그 길은 없어져 버린 것은 아닐까. 아쉬움이 남는 것은 인간인지라 어쩔 수가 없다. 좋은 평가는 바라지도 않지만 적어도 나의 길이 헛된 길이 아니었음을 누군가는 알아줬으면 좋겠다. 가을비는 그칠 생각이 없나보다.

2009년 11월 13일 금요일
늦은 가을 한적한 오후에

돌멩이

어느 선배 여교사님이 명예퇴임식장에서 이런 말을 했었다. 30년을 대과大過 없이 마치게 된 것이 가장 큰 기쁨이라고. 그 말을 듣고 '그래, 맞다. 나도 언젠가는 이 자리를 떠날 때 저런 말을 할 수 있으면 좋겠다.'라고 생각했는데, 적어도 나 자신에게 부끄럽지 않도록 열심히만 하면 되는 줄 알았다. 그래서 시간과 능력이 허용하는 범위 내에서 최선을 다해 왔다. 교단을 떠난 후에도 어디에서 누구를 만나든 '선생님'이라는 반가운 목소리를 들을 수 있도록 말이다.

그런데 이런 내가 교직생활 동안 감사監査란 걸 받을 줄은 꿈에도 몰랐다. 학창 시절은 물론이고 교직생활에서도 정직하고 솔직하게 또 적극적으로 살아온다고 왔는데 이런 성격이 오히려 치명타를 준 것 같아 마음이 아프다. 아무리 생각해도 이해가 되지 않는다. 그동안 내가 들었던 칭찬은 인사치레였나? 그걸 진심으로 받아들인 내가 단순한 미련퉁이었나 보다.

1학년 남자 아이였다. 아이는 활발하고 귀염성도 있었다. 그런데 문자해득 등 기초 학습이 뒤처져 학교생활에 잘 적응하지 못했다. 학습능력이 모자란 것도 아닌데 시간이 갈수록 학습에 취미를 잃어가며 친구들과의 관계도 서먹해져가는 아이를 지켜보며 담임으로서 안타깝기 그지없었다. 아이와 오랜 시간 이야기를 나눠보니 가정에서 학교생활에 대한 지도가 거의 이뤄지지 않고 있음을 알 수 있었다.

방과 후에 개인지도라도 해서 아이를 이끌어가고 싶었다. 하지만 오후의 개인지도는 여러 가지로 어려운 점이 많다. 우선 아직 어린아이여서 혼자만 교실에 있을 때는 불안감을 느낄 수도 있다. 같은 반 친구들과 동일시되지 못하면서 오는 스트레스는 자칫 역효과를 낳을 수도 있다. 이럴 때는 교사를 잘 따르도록 친밀한 관계를 유지하면 별 문제가 되지 않는다는 게 내 경험이다. 오히려 오후 개인지도를 방해하는 요소는 잡무를 처리하는 데 시간이 많이 필요하다는 것이다. 또한 학습 부진 학생에 대한 지도는 단기간에 효과가 나타나는 게 아니다. 끈기를 가지고 한 학기 이상 꾸준히 진행해야 좋은 결과가 있기 때문에 어지간해서는 계획하고 결심하기가 쉽지 않다.

시간이 갈수록 아이에 대한 마음이 급한 건 나였다. 그래서 아이의 어머니에게 전화로 학교생활을 간략히 설명 드리고 오후에

●● 아이들은 이렇게 예쁜데…

개인지도를 하겠으니 도시락을 준비시켜 주라는 당부를 했고 아이의 어머니는 고맙다는 인사를 건넸다. 부모를 직접 만나서 가정환경도 자세히 알아보는 등 철저하게 준비를 했어야 했는데 애정을 가지고 열심히 가르치면 진실이 다 통한다고 생각한 게 화근이 되었다.

전화로 간략하게 파악한 바로는 예상이 맞았다. 가정형편이 어려워서 어머니가 일터에서 늦게 돌아오기 때문에 아이는 하교 후 오후의 시간을 거의 방관상태에서 지내고 있었다. 그러니 학습지도는커녕 과제 한 번 제대로 해오지 않았고 학습준비물도 전혀 준비되지 않았던 것이었다.

개인지도를 시작하는 날부터 선생님들과 식사를 함께하지 못하는 아쉬움을 접고 아이와 함께 점심도시락을 먹으며 이런저런 이야기를 나누었다. 친밀감을 느끼도록 아이가 좋아하는 반찬도 준비해 갔다. 작고 예쁜 수저세트를 선물로 쥐어주니 아이가 그렇게 좋아할 수가 없었다. 아이가 편하게 공부할 수 있는 분위기 조성이 제일 먼저이다. 시간이 지나면서 선생님과 학생이라는 벽이 조금씩 없어지고 있었다. 집에서 엄마가 공부를 도와주는 것처럼 최대한 자연스럽게 해야 한다. 우리 둘은 스스럼없이 장난도 치고 우스운 이야기도 해가면서 도시락을 먹고 공부도 재미있게 가르치고 배웠다.

그렇게 한 달 정도 지난 어느 날 아침, 가슴이 철렁 내려앉는 연락이 교무실로부터 왔다. 교육부로 나에 대한 민원이 들어와서 시교육청에서 오후에 감사를 나온다는 연락이 왔다는 것이다. 감사를 받을 마음의 준비를 하고 기다리는 한나절 내내 뭐가 잘못된 것일까, 라고 자문을 해보았지만 떠오르는 게 없었다. 사람에 대한 배신감에 그저 가슴이 울렁거릴 뿐.

감사반과 인사를 나누고 마주 앉았다. 이런 상황이 처음인지라 창피한 마음과 어쩐지 죄인처럼 떨리는 마음이었는데 내용을 듣고 나니 화가 치밀기 시작했다. 민원인은 어이없게도 방과 후 지도를 해주던 아이의 아버지였다. 자기 아이만 남겨서 공부시키는 것이 아이를 미워하고 부모를 무시해서라는 고발내용이었다. 얼토당토 않은 일이었다. 지금까지 있었던 일을 가감 없이 조사관에게 설명했다. 그런데도 뭘 더 알아내려는지 자꾸 묻고 난 대답하고 또 조사관은 반문하고, 나는 같은 말을 반복하고 그렇게 실랑이를 벌이는데, 감사란 이런 것인가 참 기가 막혔다. 정확한 진상파악을 위한 일이겠지만 일단 내 말을 믿지 않는 것 같아 더 속이 상했다. 아이의 어머니에게 통보하고 시작한 방과 후 지도이기에 아이의 어머니를 참고인으로 부를 수밖에 없었다.

허둥대며 학교로 온 아이 엄마는 민원에 대해 전혀 모르는 상태였다. 아이의 아빠에게 자세히 알아보고 다시 오겠다고 했다. 조금 후 돌아온 아이 엄마는 어쩔 줄 몰라 하며 죄송하다는 말만 연신하며 말을 떼었다. 아이 아빠는 객지에 나가 있어 가정 일에 대해서는 아무것도 모르는 상황이며 아이 교육에 관심도 없다. 그렇지만 자기 자식이라며 한 달에 한두 번은 만나러 온단다. 그러던 어느 날 오후, 학교에서 돌아 올 시간이 되었는데도 아이가 안 보이고 연락도 안 되어 기다렸다가 늦게 만나 무슨 일이 있냐고 캐물었고, 아이는 자기만 남아서 매일 공부한다고 말하니 자초지종을 알아보지도 않고 곧바로 교육부에 민원을 넣었다는 이야기였다.

펑펑 울며 사과하는 아이 엄마로 인해 감사는 마무리되었다. 감사하는 입장에서야 해프닝이 되었지만 나는 억울하고 분하고 참을 수 없는 일이었다. 무엇보다 마음의 상처가 컸다. 누가 또 무슨 일로 꼬투리를 잡지나 않을까 하는 마음이 들어 아이들 지도를 적극적으로 할 수도 없었다. 급기야 오후지도는 중단되었고 아이를 바라보는 내 마음도 달라졌다. 아이가 무슨 잘못인가. 속 좁은 교사가 되어선 안 된다고 자신을 다그쳤지만 상처는 쉽게 아물지 않았다.

32년 교직 생활에 작은 오점汚點을 남기고 말았다. 아무 생각 없이 던진 돌에 개구리는 맞아 죽을 수도 있다. 세상 사람들은 진실에는 관심이 없다. 동료들 보기도 부끄럽기만 하다. 사랑과 정열을 바쳐 일했건만 돌아오는 것은 돌멩이라니…. 그만 떠나야 하나! 나 같은 미련한 선생님 어디 또 있겠지 하며 오늘도 스스로를 다독거릴 뿐이다.

2002년 7월 11일 목요일

오해와 불신으로 인해 상처받은 한 아이를 생각하며

복지국가 복지교실

비행기를 탈 만큼 건강도 좋지 않고 그런저런 이유로 그동안 해외여행을 한 번도 가지 않았었다. 그런데 올 여름, 첫 여행을 미국으로 가기로 했다. 한 제자의 초청을 받아서인데 별 고민 없이 가겠다고 응한 것은 그만큼 그 제자와는 각별한 관계였기 때문이다.

LA로 가는 12시간은 길고도 길었다. 압력 때문에 발생하는 귀 아픈 증상도 겪고, 비좁은 좌석에서 움직이지도 못하고, 식사도 맞지 않는 등 여행을 떠난 것이 조금 후회될 정도였다. 출국 전날 밤도 설레는 마음에 잠을 잘 이루질 못했는데 비행기 안에서도 그렇게 뒤척였으니 얼마나 피곤하던지. 그래도 입국심사대 앞에 서니 정신이 바짝 드는 것이 아닌가. 깐깐하게 생긴 흑인 여직원과의 인터뷰를 무사히 마치고 출국장을 나서니 그 많은 인파와 소음 속에서도 "선생님!" 하는 목소리는 단번에 들렸다. 뒤를 돌아보니 그 옛날 아침마다 반갑게 나를 부르며 달려오던 제자가 어느새 반듯한 청년이 되어 웃고 있었다.

"어쩌면 이렇게도 변하지 않았니?" 사십을 바라보는 제자의 얼굴에서 아홉 살 시골 소년의 얼굴이 겹쳐 보였다.

"선생님도 얼굴이 변하지 않으셔서 쉽게 알아볼 수 있었어요!"

우리는 마냥 들떠서 그 시절의 이야기, 미국으로 건너오게 된 사연, 나를 찾기 위해 애쓴 과정 등등의 이야기를 숙소로 가는 내내 나누었다.

○○이는 영특하고 야무지고 밝은 성격에 공부도 잘해서 기대를 많이 했던 아이였다. 열손가락 깨물어 안 아픈 손가락이 없듯이, 선생님들에겐 제자들도 마찬가지이다. 그렇지만 지금까지의 교직 생활 중 특별한 제자를 다섯만 꼽아보라면 ○○이는 빠지지 않을 것이다. 방학이면 우리 집에 데리고 와서 같이 지내기도 했었다.

체류일정은 2주였다. 제자는 사업체를 운영하기에도 바쁠 텐데 가이드를 직접 해주며 한곳이라도 더 가보자며 나를 이끌었다. 직접 보고 느낀 미국이라는 나라는 간접적으로 얻은 정보와는 많이 달랐다. 우선 경제적인 면에서 우리나라와는 비교가 되지 않았다. 땅덩어리가 커서 그렇겠지만 마트의 규모에서 벌어진 입이 다물어지지 않았고 다운타운의 마천루는 상상 그 이상이었다. 발달한 자본주의와 풍부한 물질은 마음마저 여유롭게 만드는 모양이었다.

그 많은 차들이 달리는데도 새치기는커녕 경적 한번 울리지 않았다. 널찍한 도로이어서 한 차선쯤 불법주차해도 될 것 같은데 도로 위에 주차한 차도 찾아보기 힘들었다. 제자의 설명에 의하면 교통법규가 엄한 것도 있지만 질서나 준법의식이 높다고 했다. 신호등이 없는 사거리의 교행은 압권이었다. 네 방향에서 한 대씩 차례대로 출발했다. 누가 순서를 정해 주어도 그렇게 정확하진 못할 것 같았다. 각자 알아서 지나가는 모습을 보고 있자니 아름답기까지 했다.

"하다 보면 다 알게 돼요. 혹시 내 차례를 모르고 서 있으면 다른 차의 운전자가 손짓으로 차례를 알려주고 다른 차들이 기다려 주기 때문에 순서를 지키지 않을 수 없어요." 어떻게 이렇게 할 수 있느냐는 내 질문에 제자가 웃으면서 대답해준다.

어딜 가든 직업은 못 속이는 법인가. 미국의 초등학교를 방문해 보고 싶다는 내 제안에 제자는 까다롭지는 않지만 사전에 허락을 받아야 한다고 했다. 다음날 제자의 아이들이 다니는 학교를 찾아가 수업을 참관할 수 있었다.

LA 주택가에 위치한 아담한 학교는 서머스쿨 중이었다. 교실에는 백인, 흑인, 멕시코 아이들과 한국, 중국 등 아시아계 아이들이 다양하게 뒤섞여 있어서 신기했는데, 알고 보니 우리나라로 치면 '도·농간 교류학습' 같은 프로그램의 일종이라고 했다.

교장실로 안내되었다. 후덕해 보이는 남자 교장선생님이 내가 초등학교 교사라고 소개를 하자, 반갑다며 자신은 오십 세라며 내 나이를 대뜸 물었다. 평교사로서 내 나이가 많다고 느끼면 어떻게 하지, 걱정하면서 내 나이를 조용히 말하니 환한 표정으로 웃더니 "Beautiful!"이라고 추켜세웠다. 나는 내 외모가 아름답다는 줄 알고 립서비스로 여겼다. 그런데 계속 담소를 나누다보니까 '내 나이가 아이들을 가르치기에 가장 좋은 나이'라는 뜻으로 말했다는 걸 알게 되었고 얼굴이 잠시 화끈거렸다.

우리 한국에서는 전혀 아니라고 대답하자 우리 학교는 73세의 교사가 졸업반을 담임하고 있고 35세의 미혼 여교사가 교감선생님이라고 부연설명을 해주었다. 움츠러들었던 어깨가 조금은 펴지는 것 같다. 하지만 정해진 정년도 없고 경험을 존중하는 교육풍토가 부럽기만 했다.

교육프로그램은 부자나라답게 훌륭했다. 아이들은 책가방도 없

●● 라스베이거스의 야경과 함께

이 오전 7시경에 통학 차량을 이용해서 등교를 한다. 우리나라보다 등교시간이 빠른 데는 다 이유가 있었다. 등교 후 1시간은 맘껏 운동장과 체육관에서 뛰어놀게 한다고 한다. 한 학급은 12~14명으로 편성되어 있고, 담임교사 이외에 서너 명의 교과교사가 정해져 있다고 한다. 시험은 없고 테스트는 거의 글짓기(논술)로만 하고 있어 책을 가까이할 수밖에 없다고 한다. 초등학교 졸업시험도 에세이 테스트로만 한다고 하니 미국인들의 민주적인 시민의식과 토론문화는 체계적인 교육환경에서 길러진 것이었다.

아이들은 8시쯤 아침을 학교급식으로 먹는다. 아침운동을 하고 난 시간이어서 아침식사를 거르는 아이도 없고 영양가 높은 식단을 제공하니 아이들이 얼마나 건강해 질것인가. 2교시 후에는 맛있는 간식까지 준비된단다. 아침식사 후 30분 휴식을 취하고 9시부터 정규 수업을 진행한다. 담임선생님 이외에 교과 선생님이 두세 분 정도 더 수업에 참여한다. 교실에서 학생들은 자리를 이동하여 소그룹별로 수업을 듣게 된다.

지금 우리나라에 한창 열풍인 열린 수업과는 많이 다른 상황이다. 열린 교실을 만든다고 교실과 복도를 터서 교실은 휑하고, 심지어 교실과 복도 사이에는 칸막이를 하지 않아 옆 반 수업 소리까지 다 들으면서 하는 수업. 블록 수업을 한다고 80분 수업에 아이들이 자유스럽게 화장실을 드나들게 하고, 아이들이 쉬는 시간이나 밖으로 나갈 때는 칸막이 없는 복도를 지나서 나가야 하기에 각 학급은 수업의 흐름에 관계없이 시종을 똑같이 맞춰야만 한다. 독립공간은커녕 제대로 수업을 진행할 수도 없는 현재의 열린 수업은 아직 보완해야 할 점이 많다.

오후 수업은 소질과 취미를 살린 예체능중심으로 진행된다. 아이들은 전문교사로부터 다양한 스포츠 활동부터 악기 레슨까지 받는다. 그야말로 아이들 천국이다 싶었다. 따로 학원을 다닐 필요도 없고 시험 스트레스도 없는 이상적인 교육시스템이라 하지 않을 수가 없다. 단 과제는 조금 많이 제시한다고 했다. 물론 가족들과 함께 해결할 수 있는 조사학습, 현장체험 학습, 책을 많이 읽을 수밖에 없는 글짓기 같은 과제들이 대부분이라고 한다.

이런 미국의 초등교육을 우리가 따라가려면 아직 갈 길이 멀다. 경제적인 면이 뒷받침 되어 줘야 하기 때문이다. 모든 아이들이 행복해하는 복지교육으로 가는 첫걸음을 우리는 이제 막 떼었다. 무상급식을 넘어서 무상교육을 실현하는 날이 멀지 않아 올 것이다. 사교육 시장을 떠도는 아이들의 피곤한 얼굴과 좋은 공교육을 제공하지 못해 상처받는 교육가족의 상심한 얼굴이 동시에 떠오른다. 하지만 차츰 나아질 거라는 믿음을 가져 본다.

이번 여행에서 미국을 실컷 돌아보았다. 기다림이 긴 만큼 많은 것을 얻었다고 할까. 무엇보다 미국의 초등교육 현장을 경험하고 배운 것이 좋았다. 귀국비행기 안에선 두 번째 비행이라 그런지 좀 익숙해져서 잠도 잘 수 있었다. 교실에서 아이들과 놀이하는 꿈도 꾸었다. 그곳이 30년 전 ㅇㅇ이를 가르쳤던 감곡의 한 교실이었는지는 잘 모르겠다.

2002년 10월 10일 목요일

복지교육을 생각해보며

몽당연필

요즘처럼 추운 겨울이 되면 우리나라가 가난했던 시절 교실에서 겪은 신산스러웠던 일이 많이 생각난다. 그 시절의 일들은 동료들과는 재밌는 추억담이 되지만 후배교사들에게는 무용담이 된다. 이제 막 학교에 들어온 까마득한 후배 선생님들은 깜짝깜짝 놀라는 표정이다. 그런 반응에 나는 더욱 신이 나서 그 시절 얘기를 들려주고는 한다.

71년 4월, 첫 발령지에서의 일이다. 학교 주변 논밭은 '마누라 없인 살아도 장화 없인 못 산다는' 우스개 말이 나돌 정도로 척박했다. 마을 사람들은 그런 땅에 고추농사로 생계를 유지하며 살아가고 있었다. 내가 맡은 반은 63명의 남학생으로만 구성된 4학년. 지금 학급 구성으로는 3학급이 되는 수였으니 지금 생각해도 온몸이 움찔하다. 어찌됐든 그때는 청춘의 열정으로 해낸 것 같다.

교실 바닥은 시멘트와 마루로 된 두 가지 형태가 있었는데 시멘트바닥은 곳곳이 파여서 돌먼지를 감당할 수 없었다. 목재 교실은 바닥이 숭숭 뚫려 떨어뜨리는 학용품은 모두 삼켜버리고, 겨울에는 황소바람이 올라와 추위에 발을 동동거려야 했다. 교실의 목재 창문은 너무 낡아 바람이라도 부는 날이면 덜컹거리는 소리가 여간 신경 쓰이지 않았다. 행여 바람에 창틀이 떨어질까 봐 대못으로 지탱시킨 창문은 어지간한 힘으로는 여닫기를 할 수 없었다. 아이들이 장난을 하거나 유리창을 닦다 실수로 유리창을 깨면 그 아이가 유리값을 지불해야 했는데 가정 형편이 모두 어려운 때, 아이는 부모님께 꾸중을 듣는 게 두려워 서럽게 울고, 담임이 대신 학부모에게 연락을 해야 하는 야속하고 딱한 참 어려웠던 시절이었다. 더구나 유리창 수선은 모았다가 한 달에 한번 하기 때문에 추운 겨울에는 노란 시멘트종이가 유리를 대신해야했다.

새로 산 검정고무신을 잃어버리지 않기 위해서 ○ 또는 X 등으로 표시를 해서 신고 다니다가 신발을 잃어버리기라도 하면 선생님과 아이는 신발 찾아 삼천 리였다. 측백나무 울타리, 화장실, 쓰레기소각장 등, 학교 구석구석을 뒤지던 일. 비 오는 날 다 찢어진 비닐우산 하나에 형제가 겨우 머리만 가리고 등교를 하니 옷은 다 젖어 마를 동안에는 비 맞은 생쥐 모습을 했던 일. 요즈음엔 웰빙 음식이라지만 그 시절엔 배고픔을 참기 위해 억지로 먹었던 꽁보리밥. 그런 꽁보리밥도 싸오질 못해서 점심을 거르는 아이들이 많았는데 그 아이들 중에서도 가정형편이 더 어려운 아이를 선별해

딱딱하고 맛도 없는 옥수수빵을 주면 아이들은 서로 조금씩 나눠 먹던 일. 목욕시설도 없고 땔감이 부족하여 두 손은 터서 두꺼비 등처럼 쫙쫙 갈라져 피가 나기 일쑤였다. 일주일에 한 번씩 하게 되어 있는 용의검사를 하면 목과 발은 말할 수 없을 만큼 새까맣고, 따뜻하지 못한 옷에 목욕을 자주 하지 못해서 청결하지 못하니 감기는 달고 살아 콧물이 줄줄 흐르고, 그 콧물은 검정색 무명으로 지어 입은 학생복 양쪽 소매로 닦아대서 소매 끝이 반질반질 빛이 났던 시절. 그 시절의 입학생들은 가슴에 손수건과 이름표를 겹쳐서 달고 다니지 않았던가.

학교에서는 실내온도가 영하 3도는 되어야 양동이에 조개탄을 반쯤 담아주었다. 불쏘시개로 쓰는 솔방울은 시골학교에서는 학생들이 직접 산에 가서 땄다. 경험 많은 선생님들은 난로 피우는 기술이 있어서 불을 제대로 피우지만 초보 선생님들은 연기만 피워 올려서 교실은 마치 오소리를 잡는 굴처럼 되어버린다. 추운 날씨에 창문까지 열어놓고 아이들과 함께 재채기에 눈물에 난리도 아니다. 숨쉬기가 어려워지면 아이들과 선생님은 교실 밖으로 뛰쳐나가기가 일쑤, 한 시간이나 실랑이를 벌이다 옆 반 선생님의 도움으로 겨우 불을 붙이면 아이들의 얼은 볼이 채 녹기도 전에 부족한 조개탄 탓에 난로는 야속하게 식어간다.

불을 끌 때도 기술이 필요하다. 난로 뚜껑을 조금만 열고 물을 빨리 부은 다음 난로 뚜껑을 재빨리 닫아야지 그렇지 않으면 석탄재가 위로 솟아올라 온통 석탄재를 뒤집어쓰는 웃지 못할 꼴이 되고 만다. 너무 추워서 모아 두었던 종이라도 좀 태울라치면 연통으로 나오는 연기가 교장, 교감 선생님 눈에는 어찌 그리 잘도 보이는지 곧바로 주의를 받고 난로에 물을 끼얹어야 했다.

밥 없으면 라면 먹지 왜 굶느냐는 말을 하는 지금 세대들에게 이런 이야기는 그저 궁상맞은 이야기일 뿐이다. 그렇지만 어려웠던 그 시절을 살아 온 나로서는 전기절약과 물자절약을 실천하지 않는 요즈음의 세대가 아쉽기만 하다. 불필요하게 켜져 있는 복도와 화장실 전기 스위치를 보는 대로 내리지만 나 혼자 노력이 전기 절약에 얼마나 도움이 될까. 지금의 교육환경은 냉난방은 기본이고 학습 준비물과 학용품까지 학교에서 다 해결을 해 주니 아이들이 물건 귀한 줄 몰라서 주인 잃은 물건 찾아주는 게 선생님들의 업무 중 하나가 되어버렸다.

등교할 때 비가 오고 하교할 때에 비가 멈추면 우산꽂이에는 우산이 그대로 남아있다. 아무리 이름을 쓰라고 해도 소용없고, 이름이 쓰여 있는데도 자기 것이 아니라고 뻗대는 통에 "엄마가 우산 찾아오라고도 하지 않으시니?"라고 물으면 잃어버려도 꾸중하지 않고 다시 사준다며 귀찮다는 표정으로 나를 뻔히 쳐다본다.

국민소득이 높아져 생활이 많이 나아졌다고는 하지만 절약은 개인뿐 아니라 나라의 부강을 위해서도 꼭 필요한데, 실내화는 이리저리 뒹굴어 다니고 운동화도 한 짝씩 이곳저곳에 처박혀있다. 청소 시간이면 주인 잃은 연필은 매일 한 주먹씩 나온다. 심지어는 오늘 나눠준 교과서를 다음날 잃어버렸다고 하는 아이도 있다. 교과서도 돈을 주고 사던 시절에는 학교에서 헌 교과서를 걷어두었다가 무상으로 나누어 주었는데 그 절차를 공정하게 한다고 내부

규정까지 만들었던 얘기를 요즘 새내기 선생님들에게 들려주면 '정말요?'라며 눈을 동그랗게 뜬다.

국민소득이 올라갔으면 그에 합당한 풍족함을 누리는 건 당연하다. 보편적 복지가 확대되는 것 또한 시대적 요청인 것 같다. 그런데 무상교육을 아이들이 자꾸 '공짜'라는 것처럼 생각하는 것이 문제라면 문제다.

우리 교실에는 주인을 잃어버린 학용품들을 모아놓는 예쁜 소쿠리가 하나 있다. 알록달록 예쁘게 꾸며 '주인을 찾습니다'라는 이름표를 붙여 아이들이 잘 보이는 곳에 놓아두었다. 처음에는 관심을 갖더니 며칠이 지난 뒤부터는 아예 쳐다보지도 않는다. 그래서 방법을 달리해 주인 잃은 연필을 잘 깎아 소쿠리에 담아 놓았다가 집에서 깎아오지 않아 뭉툭하게 생긴 자기의 연필과 바꿔 쓰게

주인을 기다리는 학용품들

했다. 점점 바꿔 쓰는 아이들이 많아졌다. 새 연필이 아니더라도 잘 깎여진 연필에 관심을 가지게 된 것이다. 그래서 학용품을 절약하자는 얘기를 진지하게 들려주었다. "선생님은 학교에서 주는 종이도 아껴서 쓰기 위해 이면지로 학습지를 만들어 활용하고, 점심시간이나 과학실, 컴퓨터실에 갈 때는 교실 형광등을 끄고 가며, 교실에서 나오는 쓰레기도 철저히 분리수거해요. 더 잘사는 우리나라를 만들기 위해서 우리 반부터 실천해 봅시다!"라고 열변(?)을 토하고 동참을 다짐받았다.

그런 다음 학용품절약 실천의 첫 단계로 12월부터는 필통을 가져오지 않는 걸로 약속하고 소쿠리 속의 주인 잃은 연필과 지우개를 아이들에게 나누어 주며 이름을 써 붙이도록 했다. 크고 작은 연필을 섞어서 골고루 나누어 주는데 여태껏 보지 못한 일이 일어났다. 필통이 없으니 정신이 바짝 들었던지 소쿠리에 담아 있던 연필이 서로 자기 것이라며 잠시 소란스러워졌다. 공부가 끝나면 그날 자기가 썼던 연필을 잘 깎아서 소쿠리에 담아놓고 간다. 아침에 등교하면 아이들은 제일 먼저 그날 자기가 쓸 연필을 챙긴다. 그 모습이 그렇게 보기가 좋을 수가 없다. 점점 많은 연필들이 몽당연필로 변해갔다. 겨울방학이 끝나고 2월에도 우리 반은 필통 없는 학급으로 지냈고 아이들은 내일 쓸 자기의 연필을 깎아 놓고 가는 책임감과 학용품 절약을 한다는 자부심까지 덤으로 얻게 되었다.

역시 학용품이 풍부했었던 것이 문제였다. 풍요가 소중함을 잊게 만든 것이다. 적당히 부족한 것이 최고인 것 같기도 하다. 많이 가진 자가 꼭 행복한 것만은 아니듯이.

이 아이들은 3학년이 되면 대부분 집에 있던 필통과 새 연필을 사용하게 될 것이다. 2학년의 막바지 두 달 동안 몽당연필만 썼던 기억은 금방 잊을지도 모른다. 엄마를 졸라 새 필통도 준비할 것이다. 그리고 나는 새 학기가 되면 주인 잃은 연필을 깎아 바구니에 계속 담아 놓을 것이다. 자기 물건에 이름 쓰라고 계속 잔소리도 할 것이고 잃어버린 우산 찾아가라고 때론 큰소리도 낼 것이다. 초보 선생님이 눈물을 찔끔거리며 난로를 피우는 것을 조바심치며 바라보던 제자들이 솔방울을 주우러 다녔던 것에 비하면 식은 죽 먹기니까 말이다.

2014년 2월 11일 화요일

텅 빈 교실에서 연필을 깎으며

마지막 제자들

정년을 일 년 앞두고 학교를 옮기게 되었다. 특별한 이유가 아니고는 한 학교에서 만기가 될 때까지 잘 옮기지 않았었는데 일이 묘하게 되었다. 학교를 옮기고 학기 초에는 마음이 불편해서 여러 가지로 많이 힘들었다. 동 학년 선생님들의 위로와 교장, 교감선생님의 격려가 있었지만 편치 않은 마음이 쉽게 사그라지지 않았다. 가뜩이나 온화하지 않은 내 얼굴엔 불편한 심기가 가득이었을 테고 주위 분들을 불편하게 했을 것이다. 익숙하지 않은 환경에서 교직을 마무리한다는 생각이 심적 압박으로 작용하고 있었나 싶다.

이 일 역시 시간이 해결해 주었다. 조금씩 평온을 찾아갔다. 거리가 가까워 출퇴근을 걸어서 하니 건강에도 많은 도움이 되었다. 교직 생활 내내 나의 마지막 제자와 마지막 수업은 어디서 누구와 이뤄질까를 가끔씩 생각했었는데 전주 문학초등학교 1학년 7반 28명의 어린이들과 함께하게 되었다.

학부모님들은 노老 교사라는 이유만으로 언짢게 생각하는 분들이 대부분일 것이다. 나는 어느 학교에서든 동료 선생님들이나 담임 맡은 학부모들에게 꼭 들었던 말이 있다. "열정적인 교사"그저 열심히 했고 내 마음이 흡족할 때까지 가르쳤을 뿐이었다. 어쩌면 나는 교육 수요자의 입장에서 강단에 서 왔던 것이다. 그래서 더욱 오점을 남길 수는 없는 노릇이었다. 더욱 열심히 잘 가르치리라 다짐했다. 특히 노老교사에 대한 불만(?)을 가지신 분들을 의식하지 않았다고 하면 거짓말일 것이다.

하루하루가 소중했다. 순간순간, 모든 시간은 앞으로 나에게 다시는 오지 않을 마지막 시간이었다. 수업시간은 물론, 아이들과 함께하는 학교의 여러 행사들이 나에게는 두 번 다시 오지 않을 시간들이기에 후회가 남지 않도록 최선을 다했다.

1학년 입학식 날, 내가 경험한 입학식 중에서 오늘은 두 번째로 많은 학부모님들이 오신 것 같다. 첫 번째는 10여 년 전 도심의 큰 학교 입학식이었다. 그 학교는 학교 규모가 커서 학생 수가 많다 보니 학부모님들이 많이 오신 것이고 이번에는 단연 첫 번째로 꼽을 만한 것이 있었으니 학부모님들이 가장 젊다는 것이다. 아이들과의 세대 차이 극복도, 학부모님들과 공감해야 할 부분도 큰 숙제가 될 것 같다. 우리 반 학부모님들, 노교사에 대한 한숨소리와 실망하는 표정을 애써 감추려는 모습이 보여 스스로 위축되기도 하는 한편 결과로 보여주어야겠다는 오기도 은근히 발동되었다.

학기 초에는 가르치는 일보다는 학교생활에 적응시키는 일에 치중한다. 유치원과 학교의 생활을 구별 못하는 건 아이들뿐 아니라 학부모님들도 비슷한 것 같다. 부모님들은 보육과 교육의 차이를 모르는 건 아니지만 자신의 아이들을 너무 사랑해서 오버하는 경우가 있다. 학부모의 넘치는 관심과 애정이 가끔은 선생님을 힘들게 하는 경우가 있다.

일단은 해보자! 3일 만에 28명 아이들 얼굴과 이름을 다 익혔다. 다른 해보다 더 노력을 해서 빨리 외우고 익힌 것이다. 경험은 괜히 있는 것이 아니니까. 요즘 아이들은 개성이 유별나다. 그런 면에서 아이들 한명 한명에게 관심을 가져야 한다. 아이의 특성과 장단점을 잘 파악하고 개별적으로 이야기도 나누었다. 아이들은 영특했고 부모들의 관심과 정성이 아주 적극적인 편이었다. 이런 반을 맡겨주심에 그저 감사할 뿐이다.

아이들은 지혜롭고 생각도 하루하루 다르게 커간다. 마치 여름날 비 온 뒤 쑥쑥 자라는 어린순처럼. 어느새 6월이 되었고 '학부모 공개수업'이 있었다. 경험 많은 담임선생님과 자기 의견을 내놓으려 벌떡벌떡 잘 일어서는 우리 반 아이들이 무얼 못 보여 드릴까. 자신만만하게 공개수업에 임했다.

역시 관심 많으신 우리 학부모님들은 전원 참석했다. 아이들은 똘망똘망한 눈빛을 반짝이며 다른 날보다 더 바르게 앉아 있다. 순조롭게 수업이 진행되나 했는데 이런, 뜻밖의 일이 벌어졌다.

자기 생각이나 느낌을 앞으로 나와서 발표하라고 했더니 아무도 나서질 않는 것이다. 평소에는 의욕들이 넘쳐나 수습하느라 목소리를 높인 적이 한두 번이 아니었는데 오늘은 서로의 눈치만 볼 뿐 발표할 기색이 보이질 않는다. 왜 이러지? 살짝 당황스럽다. 이렇게 저렇게 유도를 해보는데도 발표할 기색이 없다. 저희들도 어색했는지 입가에 웃음을 머금고 있다. 그렇게도 활발하고 시끄러운 녀석들이 부모님 앞이라 부끄럽다는 것이렷다! 묘책 하나를 내놓았다. 발표하는 사람은 막대사탕을 한 개씩 준다는 말이 떨어지기가 무섭게 아이들이 우르르 몰려나온다. 가만 놔뒀다간 모두 나올 기세다.

"알았어, 알았어, 사탕 다 줄 테니까 일단 모두 자리로 들어가 봐!" 아이들은 슬금슬금 뒷걸음치면서도 쉽게 들어가려 하지 않았다. 얼마나 순진하고 귀여운 녀석들인가. 부모님들 모두 박장대소를 했다. 영원히 잊지 못할 사랑스런 마지막 제자들아 고맙다. 잘해냈다!

예의 바르며 모범적으로 학교생활의 모든 일을 완벽하게 하려는 현승이, 재휘, 유영이, 예나, 채은이.

친구들과 사이좋게 지내며 학교생활을 바르게 하는 승혁이, 준이, 승주, 민수, 이준혁.

착하고 귀여운 행동으로 사랑스러운 나경이, 세진이, 나연이, 자윤이,

깜찍하고 애교 많아 웃음을 주는 정원이, 서영이, 노은이, 소현.

지혜가 있어 재치 있는 대답으로 학습 분위기를 충전시키는 민

•• 사랑한다 마지막 제자들아

석이, 경민이, 은호, 정훈이, 은샘이.

활동적이어서 항상 활기가 넘치는 정효, 준모, 정환이, 민혁이, 장준혁.

여름 방학이 끝나고 만난 아이들은 몸과 마음이 많이 자라서 돌아왔다. 일 학기 때에 아기 같았던 누구는 제법 어른스러워졌고, 개구쟁이인 누구는 좀 점잖아져 왔다. 수업시간에도 열심인 것 같고 쉬는 시간의 복도도 조금은 조용해진 것 같기도 하다. 그렇게 아이들은 잘 자라겠지. 선생님은 먼발치에서 너희들을 생각하면서 응원하며 살아갈 거야. 1학년 7반 28명의 아이들아, 건강하고 지혜롭게 성장해서 이 세상의 불빛이 되고 행복한 인생을 펼치렴.

학부모님들, 교육에 대한 열정이 저보다 더 뜨거우셨습니다. 그리고 이번 학년 학부모님들은 마지막이라서 더 기억에 남을 겁니다. 끝까지 함께 해주시고 배려해주셔서 감사합니다. 처음에 계획했던 성과가 아이들과 학부모님들에게 잘 전달되었는지 모르겠습니다. 후회하지 않으려고 열심히 했습니다. 이제는 아이들과 함께 앉았던 의자에서 일어납니다. 교단을 뒤로 하고 교실을 나갑니다. 이 글을 통해 그동안 교사와 학부모로 인연 맺었던 모든 학부모님께 감사의 인사를 올립니다.

2014년 12월 24일 수요일

1학년 7반 아이들과 마지막 학교생활을 마치면서

2막을 내리며

풍요로웠던 지난날들. 훌륭하신 부모님으로부터 인생이란 선물을 받았고, 경제적으로는 어려운 시절임에도 늘 부족하지 않게 키우시려는 그분들의 온갖 사랑은 나의 유아기, 청소년기를 빛나게 해주었다. 청년기의 나를 집안의 맏이라고 더욱 끌고 밀어 올려주셔서 교직이라는 아름다운 직장에까지 앉혀주었다. 하고 싶은 일은 맘껏 할 수 있을 만큼 큰 불편 없이 잘 지냈지만, 나의 역량을 키우는 방향으로 목표를 잡고 부지런히 움직였더라면, 내 인생은 좀 더 잘되지 않았을까 하는 아쉬움이 없는 건 아니다. 하지만 이 길이 내 길로 이미 정해져 있었던 것은 아니었을까.

인생이란 농사를 짓는 것과 같다던데, 수확을 앞둔 내 인생의 가을 들녘을 마주해보니 나의 인생 농사는 풍년이고 지금은 한가위라는 생각이 든다. 천생연분인 배필을 만나 이룬 가정 속에서 씩씩하게 자라준 두 아들. 때로는 힘든 시간도 있었지만 그래도 희망을 잃지 않고 잘 해결해 가며 바쁘게 살았던 나의 삶은 돌이켜 보면 열정 그 자체였다. 화려했거나 찬란하지는 않았지만 적어도 내게 주어진 상황에 굴복하지는 않았으니까.

청년기의 어느 순간 내 인생은 두 가지 목표를 가졌었다. 하나는 교육자로서의 사명으로 달려갈 길이었고 또 하나는 훌륭한 자식교육과 경제적으로 안정된 가정이었다. 교육자로서의 나는 평교사로 교직을 마무리 짓는 것이 조금 아쉽기는 하지만 제자들 보기에 한 점 부끄럼 없이 달려왔기에 미련은 없다. 가정생활은 어떤가. 평범하다. 하지만 이보다 더 행복한 것이 있을까. 부모로서 저기까지 도달했으면 하는 목표가 있었지만 그것에 미치지 못했다고 어디 내 자식이 아니던가. 부모 말씀에 순종하고 스스로 몸가짐을 바로 하려는 두 아들이 있는 것으로 충분하다.

이제 나는 교육자의 사명을 다하고 정년퇴임이라는 큰 봉우리 밑 몇 발치 아래에 서 있다. 우리 어머니는 먹고 살기에도 힘든 그 옛날에도 교육열이 남달랐던 것 같다. 나를 다섯 살에 유치원에 밀어 넣더니 재수까지 시켜 유치원에 입학시켰고, 두 해 후엔 만 여섯 살도 안 된 어린애를 초등학교에 조기 입학시켰다. 그렇게 따지고 보니 나는 지금까지 만 60년 동안 학교생활을 하고 있는 셈이다. 배우며 십육 년, 가르치고 배우며 사십사 년. 정말 긴 세월이었다. 세상일에 시달려 힘들다가도 교정에만 들어서면 어쩐지 내 집보다 더 편안하고 포근하고 '이 자리가 정말 내 자리구나.'라는 생각이 들었다. 모두 시름을 잊고 아이들과의 생활에 완전히

불파마까지 한 유치원 멋쟁이가
개똥이와 함께

지금의 나를 있게 해주신 부모님

몰입하였다. 내 안에 숨겨진 에너지가 움직이는 것만 같았다. 천직이란 이런 것인가 보다.

유아기와 청소년기가 인생의 1막이었고 직장 생활을 하면서 가정을 이루고 정년퇴임을 하는 날까지를 2막이라 생각한다. 곧 올리게 될 인생의 3막은 얼마나 또 어떻게 진행될지는 잘 모르겠다. 하지만 한 가지 분명한 것은 나에겐 시간의 많고 적음보다 내게 주어진 한 시간이라도 축복으로 여기며 지금까지보다 더 열심히 채우고 싶은 의욕이 있다는 것이다. 그동안에 하고 싶었던 여러 가지 일들이 나를 기다리고 있다고 생각하니 설레기까지 한다. 보람을 느끼며 즐길 수 있는 일도 계획되어 있고, 긴장을 늦추지 않고 지속적으로 지켜보아야 할 일도 있다. 인생이라는 불확실성 앞에서 당장 미래에 어떤 장애물이, 어떤 위험이 닥칠지 알 수는 없지만 모든 일을 내려놓고 쉬면서 그저 편안하게만 살고 싶지는 않다. 내 안에 그 어떤 한계선도 그어 놓지 않고 생각하고 뛰면서 또 적당한 스트레스도 받으면서 사회 속에 어울려 살고 싶다.

어떤 일이라도 할 수 있는 가능성이 아직 깃들어 있는 나에게 허락된 시간들 속을 그저 묵묵히 지금처럼 걸을 것이다. 하나님을 향한 기도와 믿음을 가지고 한걸음씩 내딛다 보면 후회 없는 행복한 결말을 얻을 수 있겠지. 나를 묵묵히 지켜봐주신 부모님과 가족들, 주위의 모든 분들이 있어 행복했습니다. 내 인생의 3막을 잘 열고 펼쳐 나갈 수 있도록 관심과 질책을 역시 부탁드립니다. 고맙습니다.

2014년 12월 31일 수요일

교직생활의 마지막 해를 보내며 쓸쓸함과 설렘이 교차되는 날

03

그날은

그날은

그날은 바람이 몹시 불고 어수선했습니다
하늘은 매우 흐리고 을씨년스러웠습니다
그래도 우리는 조금도 망설이지 않고 반갑게 만났습니다

맨 처음 우리는 눈으로 인사했고
다음은 손을 잡았지요
그리고 무슨 이야기들을 했고
손뼉을 쳐가며 웃었어요

세상 일 모두 뒤로하고
눈가의 잔주름을 손으로 펴가며
흘러나오는 눈물을 훔치며 배를 움켜쥐고
방바닥을 쳐가며 웃고 또 웃었지요

시간은 빨리도 지나갔어요
이제는 헤어져야 했어요 각자 생활의 터전으로
손으로 인사했고 몸으로 인사했고
뒤돌아보면서 또 손과 눈으로 서로 인사했지요

언제쯤일지는 몰라도
언젠가는 또 다시 꼭 만날 거라는
기대와 미련과 아쉬움을
가슴에 안은 채로

1997년 11월 25일 화요일
정말 반갑고 반가운 사람들과 비 오는 날 오후에

불초한 맏손녀

할아버지는 무관 장수들처럼 육척 장신에 기골이 장대하시고 힘이 셌다. 어려운 살림을 꾸려나가기 위해 쌀장사를 하셨는데 백 리 길을 쌀 두 가마니씩을 지고 다녔다고 했다. 일제 강점기 때, 홍수가 나서 급류에 휘말려 떠내려가는 사람을 구해 군수로부터 받은 표창장을 가보처럼 보관하고 있기도 했다. 쌀 한 되로 밥을 지어 담는 할아버지 전용 밥그릇이 있었고 국그릇 역시 엄청 컸다. 무학이었지만 본래 성품이 점잖으시고 남의 형편을 잘 헤아려 주시는 터라 근동은 물론이고 다른 면에서도 할아버지를 뵈러 오는 분들도 심심치 않게 있었다. 남의 신세를 지면 반드시 갚아야 한다는 인생철학을 가지고 있었다고 짐작된다. 정상적인 이득을 취하기는커녕 언제나 당신이 손해 보는 쪽을 택하시는 바람에 할머니로부터 핀잔을 많이 들으셨다고 한다.

3·1절이 오면 "이 날은 아주 좋은 날이다."라고 하시면서 태극기를 직접 게양하셨다. 만세운동 때의 긴장감과 그 후 살벌한 진압에 관한 얘기를 들려주시며 맏손녀에게 산 역사교육을 시켜주셨다. 보릿고개를 없앤 훌륭한 분이라며 박대통령의 사진을 어디에서 구했는지 정성스럽게 오려서 벽에 붙여놓는 등 애국애민을 몸소 실천하셨다.

타고난 근면성실함과 검소한 생활로 살림을 조금씩 늘리더니 내가 중학교에 다닐 무렵에는 부잣집 손녀라는 별칭도 얻게 해주실 정도로 살림살이가 나아지게 되었다. 방학이 되어 할아버지 댁에 가면 우리 형제들은 지상 천국이 따로 없었다. 조부모의 손주들 사랑은 넘칠 정도였다. 마을에 군것질 이동마차가 들어오기만 하면 곡간을 열고 쌀을 내어 우리가 먹고 싶은 것은 모두 사주셨다.

풀 한 포기 없는 깨끗한 넓은 논, 갓 이발 한 두발처럼 가지런한 논둑, 그리고 집안의 텃밭과 넓은 마당은 모두가 부지런하신 할아버지의 땀과 수고의 결과물이었다. 하우스농업이나 특산물을 재배하지 않던 그 시절, 겨울에는 짚으로 새끼 꼬기, 가마니 짜기, 멍석 만들기, 그리고 짚으로 소도구들을 만들면서 한시도 일손을 놓지 않으셨던 부지런한 할아버지. 그런데 젊었을 때는 열심히 일을 하긴 했어도 별 고생이라고 생각하지 않았을 테지만 연세가 드시면서 다소 고생스러웠을 것으로 짐작된다. 농업이 힘을 쓰던 할아버지의 시절에는 쌀만 있으면 무엇이든 해결이 되는 시대였지만 아버지의 시대는 달라지고 있었다. 교육열이 유난히 많았던 부모님은 우리 형제들을 모두 도시 학교로 진학을 시켰다. 일찍 직장을 그만두신 아버지께서는 할아버지께 물려받은 땅에서 나오는 소출로 6남매의 뒷바라지하기에 버거웠을 것이다. 비교적 여유 있게 살다가 아들에게 살림을 다 물려주었더니 곳간은 항상 비어있고 당신 수중에 돈은커녕 허리춤의 담배쌈지 채우기도 쉽지 않으니 정신적으로 많이 힘들어 하셨을 것이었다.

"우리 집은 그놈의 학교 때문에 살 수가 없고만. 그놈의 공부가 무엇인지 나한테는 학교가 웬수야 웬수!" 속내를 잘 드러내지 않던 분이 마을 회당에 앉아서 그런 넋두리를 가끔씩 하셨다는 얘기를 듣고 마음이 얼마나 아팠는지 모른다.

아버지는 직장생활을 하다가 처음 손을 대보는 농사일에 적응을 못해 결국 우리 가족은 농사일을 다시 할아버지, 할머니께 맡기고 도시로 이사를 나왔다. 도시는 그래도 사는 게 조금 나은 편이었다. 문제는 남겨진 조부모님들이었다. 일흔을 넘기신 분이 농사를 짓는다는 것은 무리가 따르는 일이었다. 소작을 줄 수밖에 없었다. 그런데 손주들 학비 밑천으로 키우던 소가 문제가 되었다. 소를 몰고 꼴을 먹이러 가다가 그만 소가 끄는 힘에 넘어지셨고 대퇴부에 쇠를 이어붙이는 큰 수술을 받았다. 할아버지의 건강은 하루가 다르게 쇠약해져갔다.

시골집에서 할머니가 병구완으로 힘들어 할 때는 전주 아들집에서 한 달씩 기거하다 다시 돌아가기를 반복했다. 아직 어린 손자들로 어수선한 아들네는 편안한 공간이 아니었을 것이었다. 내가 가끔 친정에 갈 때면 어머니는 할아버지의 상태를 말씀하시며 한

●● 덕망 높으셨던 할아버지

숨을 쉬셨다. 한기가 든다며 이불을 얼굴까지 끌어 덮고 몸은 바짝 구부리고 끙끙 앓는 때가 한두 번이 아니었다니 얼마나 힘드셨을까. 평생 일에 녹은 육신 마디마디는 쑤시고 아리고 쇠가 들어간 다리의 통증은 또 얼마나 심하셨을까.

그렇게 자기를 희생하시며 우리를 반듯하게 키워주신 할아버지가 무척 보고 싶다. 당신에게서 사랑만 받았을 뿐 변변히 효도 한 번 해드리지 못했음을 이렇게 부질없이 후회만 하고 있다. 가끔 들러서 얼굴만 뵈어도 기뻐하셨던 분들이었는데 노후를 그렇게 외롭고 애통하게 보내게 해드리지 않을 수도 있었을 텐데…. 불평이라도 하시고 서운함이라도 나타내셨으면 지금 조금은 덜 속상할 것을. 애증을 모두 맘에 새기셨을 것을 생각하면 정말 마음이 미어지는 것 같다.

할아버지께서는 어떤 유언도 없으셨다. 세상에 한이 너무 깊어 할 말을 잊으신 것인가. 아닐 것이다. 평소 그분의 성품이라면 모두를 사랑으로 용서하시고 당신이 돌아누워 버린 것이리라. 상여가 나가는 그날은 그렇게 추울 수가 없었다. 시골집 너른 마당에 북서풍은 천막을 날려버릴 것처럼 불고 진눈깨비는 어찌나 휘몰아치는지 눈을 뜰 수가 없었다. 양지바른 곳에 할아버지가 영원히 쉬실 곳이 마련되었다. 지하로 모셔지는 순간 난 현기증으로 몸이 휘청거렸다. 그렇게 기골이 장대하셨던 분의 시신이 왜 그렇게도 왜소한 것인지.

돌아가시기 일 년 전쯤의 어느 날이었다. 항상 마음과 몸이 바쁜 나는 그날 퇴근길에도 맡겨놓은 아이들만 데리고 바삐 나왔다. 평소에도 할아버지가 기거하던 작은 부엌방을 들여다보며 다정하게 인사를 건넸던 기억이 별로 없었다. 그날따라 시간이 많이 늦어 더 서둘렀는데 할아버지께서 나를 부르셨다. "에미야~." 왜 그러시나. 어지간히 큰 일이 아니고서는 다른 사람들을 귀찮게 하거나 폐를 끼치지 않는 할아버지라는 생각을 하지 못했다. 할아버지와 맏손녀는 마루를 사이에 두고 멀찍이서 대화를 나누었다. 말씀인즉, 할아버지께서 전주에 오시면 가끔 양로원에 놀러 가는데 겨울인지라 연탄을 때는데 당신도 회비를 내야 한다는 것이었다. 그 짧은 말을 하는 동안 죄 없는 곰방대를 문지방에 서너 번이나 두드리면서 어렵게 말씀을 하신 것 같다. 돈 얘기를 며느리한테 꺼내기가 어려우셨나보다. 아차, 싶었다. 미리 조금이라도 용돈을 드렸어야 했는데, 얼마나 망설이다 떨어지지 않는 입을 떼셨을까. 얼른 지갑을 꺼내 만 원 몇 장을 꺼내 마당에 서서 방으로 돈을 밀어드렸다. 그리고 황망히 돌아섰는데 이 지폐가 윗목으로 날아가 버린 모양이었다. 인사를 하려고 고개를 돌리는데 거동이 불편한 할아버지께서 손목을 방바닥에 짚고 무릎을 몇 번이고 뒤틀며 돈을 집으러 윗목으로 올라서는 게 아닌가. 할아버지는 얼마나 괘씸했을까. 아니 자괴감이 들 정도는 아니었을까? 그때 다시 할아버지께 가서 죄송하다는 말씀을 드리고 나왔어야 하는데 그러지 못했다.

지금도 그 장면만 떠올리면 죄송스럽고 후회가 커서 울음을 깨물어 삼킨다. 잘못된 것인지는 알았지만 바쁘다는 핑계로 묻어버린다. 아니 애초 노인들에게 건넬 사죄의 말은 먹고 살기 바쁜 젊은 것들에겐 존재하지도 않는 것인지도 모른다. 지금도 나는 잘못을 저지르면서 그날 그때처럼 또 모르고 지나갈 것이 두렵다. 행복한 순간은 잠깐이고 고통스런 일은 영원히 가슴을 헤집는다.

1990년 4월 18일 수요일

할아버지가 보고 싶은 맏손녀가

믿음의 뿌리

오늘은 친정 할머니의 추도일이다. 작년에 탈상, 올해가 첫 번째 추도식, 벌써 만 2년이 되었다. 서울 사는 큰고모님 내외는 오시지 못했고 둘째 셋째 고모와 고모부, 할머니가 생전에 끔찍이도 사랑하셨던 외아들인 친정아버지와 그리고 친정어머니 또 우리 형제들 여섯 모두 함께했다.

당신 생전에 자손들이 교회에 나가 하나님 만나기를 그렇게 원하시며 하루에도 몇 번씩 눈물의 기도를 하셨는데 그 은혜인지 지금은 아버지를 비롯해 식구들이 대부분 주님을 영접했으니 할머니는 천국에서 얼마나 기쁘실까.

1905년생이신 할머니는 시집와서 살던 W읍에서 거의 최초의 개신교인이었다고 한다. 읍내의 쓰러져가는 교회를 새로 지을 때는 교인들 몇 분과 함께 직접 개울가에서 함지박에 자갈을 담아 머리에 이고 나르셨다고 한다. 어디에서 복음을 듣고 신앙을 가졌는지 말씀을 하지 않으셔서 알 수는 없었지만 할머니가 받았을 핍박은 가히 상상이 간다. 개신교인이 천만 명이라는 요즘에도 '그래서 복 많이 받았냐.'라는 남편의 구박에도 신앙을 지키는 분들이 많으니 말이다.

할아버지는 종교가 있다면 '농자천하지대본'이었을 것이다. 농지가 많아서 내 기억에도 농번기는 유독 바빴다. 그래도 할머니에게 주일성수는 절대적인 것이었다. 시골집 마당에 모내기를 하기 위해 일꾼을 삼사십 명씩 모아 놓은 걸 보고도, 고운 한복을 차려입고 뒤도 돌아보지 않으시고 당당하게 대문을 나서곤 하셨다. 지금 생각해보면 정말 대단하신 믿음이었다. 새참과 식사를 준비하실 분들까지 맞춰 놓고 할아버지 눈총에도 아랑곳없으셨다. 잘 닦아놓은 하얀 고무신 코가 나비처럼 살풋살풋, 발걸음도 가볍게 동구 밖으로 나서신다.

농사만이 살길이었던 그 시절 모내기란 얼마나 중요한 행사였던가. 일 년 농사 전부가 모내기라고 할 만큼 중요한 일이었음에도 할머니는 관여치 않으시고 교회로 가셨다. 그 엄혹한 시절 오히려 동네 사람들의 입에 올라 집안 말아먹을 여자라고 흉을 보았지만 정작 당사자인 할아버지께서는 못마땅하신 듯 헛기침 한번 하고는 그것으로 끝이었다.

그것만이 아니었다. 추수감사절이 돌아오면 할아버지와는 상의도 없이 곡간에서 쌀을 마음대로 퍼서 머리에 이고 가시는 할머니의 모습은 참으로 당당하셨다. 다른 집 같으면 몇 번은 쫓겨나고도 남을 만한 일이었는데 할아버지의 드러나지 않는 이해와 사랑이 필히 작용했을 것이다.

할머니의 지극하신 정성과 기도로 우리 자손들은 이렇게 잘 살고 있는데, 할머니 생전에 예배당 문지방 넘기가 그렇게 어려웠을까. 방학이 되어 시골에 내려가면 할머니의 온갖 회유가 시작되었다. 우리 여섯 형제들 중에서 할머니 말씀에 단박에 순종하여 교회로 따라나선 손자는 없다. 그래서 더욱 할머니의 기도는 멈출 수 없었을 것이다.

할머니께서 하늘 아버지가 마련하신 그 영원한 집으로 떠나시던 날, 개울가 돌을 함지박에 담고 날라 세웠다던 교회를 한 바퀴 돌고 떠나시던 그날은 너무나도 슬펐다. 재건축한 교회에서 입당 예배를 보던 날, 장복례 집사님 우리 할머니께서 맨 먼저 축하 찬송을 부르는 영광을 안았다. 박자도 음정도 할머니의 편곡으로 된 세상에서 단 한 곡뿐인 찬송가 28장 「복의 근원 강림하사」를 부르시고 자리로 들어오시다가 너무 부끄러워 넘어지셨단 얘기를 소녀처럼 말씀하시던 우리 할머니가 평생 섬기던 그 교회에서 나는 목 놓아 울었다.

농사 박사와 한 평생 산 일이 후회 된다며 내가 10년만 젊었으면 미국으로 건너가서 살아보고도 싶고, 교육도 받아 신여성으로 당당하게 훌륭한 일을 해보는 게 소원이라는 푸념을 쏟아 놓으셨다. 그럴 때면 할아버지는 역시 헛기침 한 번 뱉어내고 뒤돌아 앉으면 그것으로 끝이었다.

•• 모처럼의 나들이를 하신 할머니

할머니께서는 넓은 가슴으로 마냥 품어주는 지아비의 마음을 모르지는 않았을 것이다. 그렇지만 할머니는 인정은 넘치지만 다정다감한 성격이 아니어서 두 분은 겉으로 보기엔 별로 알콩달콩 사시진 않았던 것 같았다. 그런데 사실은 그게 아니었던 모양이었다. 할아버지가 돌아가신 날부터 할머니는 조금씩 이상해지셨다. 충격을 많이 받으신 것 같았다. 할아버지를 내심 많이 의지하고 마음속 깊은 사랑을 나누셨나 보았다.

"큰애야, 대문 밖에 할아버지가 서 계신다. 추운데 들어오시라고 해라!" 아무도 없는 대문 쪽에 손가락질을 하시며 "아야, 너희 할아버지가 날 데리러 오늘도 왔구나…."고 자주 말씀하시더니 곧 자리에 누우셨다.

어려운 살림을 하시면서도 할머니는 농사일을 거의 하지 않고 집안 일만 하고 할아버지께서 혼자 농사를 다 지으셨다고 하니 할머니를 얼마나 사랑하셨는지 짐작할 수가 있다. 할아버지께서 가신지 삼 개월 만에 향년 83세로 할아버지와 같은 연세에 소천하셨다. 분명 하느님이 예비하신 남다른 금실을 가진 좋은 부부였음이 확실하다.

보고 싶은 사람을 다 보아야 눈을 감는다더니 서울에서 오지 않는 큰딸을 기다리며 가쁜 숨을 몰아쉬며 힘들어 하시는 모습은 차마 볼 수가 없었다. 애처로워 난 자리를 뜨고 말았다. 옆에서 기도로 지켜드려야 했는데…. 큰고모가 도착해 할머니의 손을 잡자 할머니께서는 눈을 가느다랗게 뜨시며 힘들게 입을 떼시고 "내 그럴 줄 알았다…."라는 유언을 남기시고 숨을 깊게 내쉬고 눈을 감으셨다. 한 많은 세월을 사시다 이제 영원히 쉴 수 있는 천국으로 가셨다. 할아버지를 만나셨을까? 얼마나 반가우셨을까. 외아들 군대에 보내지 않으려고 경찰의 길을 가게 했는데 6 · 25사변을 만나 가슴 조이며 살았던 시절 다 잊고, 자식들이 주님 섬기지 않아 가슴 아파하시며 사셨던 기억 다 잊고, 이제 천군 천사와 함께 영원한 아버지의 집에서 평안하실 것을 생각하니 추도식도 그리 슬

•• 할아버지 할머니 성묘를 하는 가족들

프지는 않았다.

마지막으로 창백한 할머니의 얼굴에 내 얼굴을 부비었다. 깔끔하고 대범하고 진취적인 성품이셨다. 맏손녀인 나를 무척이나 사랑해주셨다. 손녀가 아까워 말씀도 아주 놓지 않으셨고 한낱 선생인 나를 자랑스럽게 여기셨던 그분. 아무리 바쁘고 급한 일이 생겨도 새벽기도를 거르지 않으시고 하루 세 번 예배를 꼭 드리던 신실하신 분. 자식들을 위해 평생을 기도로 사셨던 할머니의 신앙심의 깊이는 어느 정도였을까. 그 기도의 힘으로 뿌리내린 믿음이 지금 우리들 손자들 세대에서 혹시 부초처럼 떠다니면 어쩌나 하는 걱정이 들기도 한다.

우리 식구들은 추도식 후 고향 뒷산 양지바른 곳에 모신 두 분의 묘소로 갔다. 나란히 누워계시는 두 분, 우리를 보고 얼마나 좋아하실까. 할머니가 돌아가시고 믿음이 없으셨던 아버지는 주일마다 교회를 찾게 되었다. 팍팍한 살림살이는 여전했고 주일에도 일을 해야 할 처지이지만 그래도 어머니와 함께 교회에 나가 기도를 드린다. 잡초를 뽑고 잔디를 돌보며 부모님과 다정히 얘기도 나누시는 아버지를 보면서 우리는 생각한다. 네 부모님을 공경하라. 계명으로 엄격하게 지킬 것이 아니라 할아버지와 할머니가 나눈 사랑처럼 깊은 마음에서 부모님께 효도를 다해야 할 텐데, 하늘 곳간에 채워야할 기도 제목이 하나 더 생겼다.

1985년 4월 10일 수요일

할머니의 추도식을 마치고

눈물의 김포공항

1990년 2월, 학교 동료들은 곧 있을 인사발령으로 다들 긴장하고 있다. 나 또한 시내 순환근무 대상이 되어 발령에 신경을 써야 하는데 올해는 그럴 겨를이 없다. 남편의 근무지가 바뀌었는데 다른 곳도 아닌 열사의 나라였으니 말이다. 해외에서도 근무를 해야 하는 직장의 특성이 있는데 차일피일 미루다 이번에 결정을 했기 때문이다.

남편을 전송하기 위해 두 아들과 나, 친정 여동생이 함께 고속버스에 올라탔다. 집안의 맏사위를 배웅하기 위해 터미널에 나와 차가 보이지 않을 때까지 손을 흔들어 주시는 친정 부모님을 바라보니 긴 이별이 바야흐로 실감이 난다.

오랫동안 함께하지 못할 아이들에게 조금이라도 추억을 더 안겨주고자 출국 이틀을 남겨놓고 서울로 올라왔다. 여장을 푼 호텔에서 남편은 본사로 출근한 후, 마음이 허전하여 근심과 걱정에 허둥거리는 엄마를 아는지 모르는지, 열두 살 큰아이와 아홉 살 작은아이는 그저 신이 나서 이 방 저 방으로 뛰어다니며 장난치기에 바쁘다. 여동생과 아이들을 놀이공원으로 내보내고 침대 맡에 쪼그리고 앉아 생각에 잠겼다.

결혼 초부터 지금까지 주말 부부, 또는 월말 부부로 살아와서 이별에는 도가 튼 줄 알았는데 부부의 정이라는 것은 그런 것이 아니었나 보다. 6개월마다 한 달의 휴가가 있다는데 앞으로 6개월을 어떻게 기다리나. 어린것들은 얼마나 잘 참고 견디어 줄지. 아빠가 없는 환경 속에서 아이들의 성격 변화는 생기지나 않을지? 그보다는 기후조건이 너무나 다른 그곳에서 먹거리도 신통찮을 텐데 건강을 잃지나 않을지. 한낮의 온도는 사십 도를 넘는다고 하는데…. 일에는 누구보다 책임감이 강하고 꼼꼼한 성격인데 바보같이 자기 몸을 돌보지도 않고 일에 잡혀 현장에만 매달려 있으면 어쩌나. 나약하고 힘겨워하는 자를 돌보시는 그분을 붙잡고 싶어 눈을 감았다.

'하나님 감사합니다. 항상 저희들을 당신의 품안에 품어주시고, 좋은 길로 인도해 주시는 주님이 계시기에 저희가 행복하게 살아가고 있음을 느끼며 감사드립니다. 하나님 아버지, 험하고 힘든 세상일지라도 주님을 바라보고 의지하며 살아가는 저희들에게 지혜와 건강, 그리고 안전함을 허락하시어 어느 어려운 고난도 지혜로 헤쳐 나갈 수 있는 담대한 믿음 주시옵시고, 저희 가족들 특히 저희 가장이 어디에서 무슨 일을 하든지 당신의 품에서 벗어나지 않고 당신의 뜻에 어긋나지 않는 생활되게 하시옵소서.'

눈을 떴지만 마음의 동요는 좀처럼 사그라지지 않는다. 어쩐지 간절하지 못했고 속마음을 다 아뢰지 못한 것 같아 다시 두 손을 모은다.

'하나님 아버지 힘없고 나약하고 불쌍한 이 인간을 돌아보시옵소서. 마음 의지할 곳 없어 불안한 이 죄인 아버지를 붙잡고 의지하옵니다. 원하옵건대 저희 집 가장 내일이면 먼 이국 땅 낯선 땅에 발을 딛고 어려운 생활에 들어가게 됩니다. 힘들고 어려운 일 잘 헤쳐 나갈 수 있도록 지혜와 강한 능력을 주시옵시고 건강한 몸과 마음을 주시옵소서. 그곳에서 함께 일하는 모든 사람들에게도 건강주시고 서로 화목하게 충실히 일할 수 있는 능력도 주시고, 외로움 달래 주시며 위험한 일 나타나지 않도록 인도해주시고 항상 주님과 동행함을 깨우치게 하옵소서. 예수그리스도 이름 받들어 간절히 기도하옵나이다, 아멘!'

출국일 새벽, 전날 놀이공원에서 얼마나 놀았는지 코를 새근새근 골며 자는 아이들을 일으켜 세우는데 남편이 충혈된 눈으로 일어난다. 밤새 뒤척이는가 싶더니 잠을 제대로 못 잤나보다. 아침도 먹는 둥 마는 둥 비행기 시간에 맞추기 위해 호텔을 나섰다. 출국 대기실에 남편의 동료들은 아직 보이지 않았다. 아이들은 아빠와의 긴 이별을 위해 이곳에 왔다는 것도 잊었는지 공항의 이곳저곳을 기웃거리며 재미있어 한다.

저만치에서 젊은 부부 두 쌍이 큰 가방을 끌고 우리 쪽을 향해 웃으며 온다. 남편의 소개로 서로 인사를 간단히 한 후, 남편들은 짐을 부치러 갔고 아내들은 모두 경직된 얼굴로 서로의 시선을 피하고 있다.

조금 후 세 남자가 돌아왔다. 가장 젊은 부부는 가벼운 포옹으로 이별을 나누었고, 다른 한 부부는 남편이 아내의 어깨를 다독이며 이별의 아쉬움을 나타냈지만, 우리 부부는 비위가 없어 아무 말도 없이 그냥 우두커니 서 있기만 했다. 이별의 모습도 성격과 세대차이가 확실하게 나타났다.

남자들은 배웅 나온 친척들과 악수를 하기도 하고, 아이들을 번쩍 안아 올리기도 하는 등 한바탕 아쉽고 진한 석별의 시간을 가졌다. 출구로 나가며 세 남자가 손을 흔들었고 두어 살 배기 아이는 아빠와의 긴 이별을 알았는지 기어이 울음을 터트렸다. 우리 아이들의 표정도 갑자기 시무룩해졌다. 큰아이의 눈가가 곧 붉어진다. 작은아이는 형의 눈치를 살피다 엄마를 바라본다. 그러나 나는 울음을 참아 속으로 삼킨다.

세 남자의 듬직한 뒷모습은 남겨진 가족들을 위로하기에 충분했기 때문이다. 건설업체의 국가대표가 아니던가. 출구 끝 쪽에서 뒤를 돌아보고 마지막으로 눈을 맞추고 손을 잠깐 들어 보이더니 세 명의 산업역군들은 유리문 안쪽으로 사라졌다. 젊은 두 아내가 참았던 눈물을 쏟아낸다. 남편들에게 약한 모습을 보이지 않으려고 안간힘을 쓰고 있었겠지. 그래도 명색이 내가 제일 상사의 아내이기에 눈물을 삼키며 그들 앞으로 걸어갔다.

•• 사우디 현장에서 건설의 역군인 남편

"울지 마세요. 좋은 일 하러들 가는 건데 눈물을 보이시면 안 돼요. 건강하게 일을 무사히 마치고 잘 돌아오시라고 웃는 얼굴로 보내드려야지요!"

어린아이를 안고 있던 젊은 아내는 내 말이 더욱 복받쳤는지 울음보를 터뜨린다. 우리 아들들은 나와 두 부인들을 번갈아 쳐다보면서 엄마의 씩씩한 표정에 의아해하는 눈치였다. 갑자기 비행기가 이륙하는 굉음에 가슴이 철렁 내려앉았다. 저 비행기 속에 아빠가 타고 있느냐는 아이들의 질문에 난 확실히 알지도 못하면서 고개를 끄덕여주었다. 아이들은 그 비행기를 향해 손을 번쩍 들어 힘차게 마구 흔들어댔다. 순간 또 눈이 저절로 감겨졌다.

'하나님 무사히 도착시켜주세요!' 참고 있던 눈물이 감은 눈 아래로 주르르 흘러 내렸다.

1990년 2월 28일 수요일

해외근무를 떠나는 남편을 배웅하며

팔자 치레

단풍철의 정읍에서 대중교통을 이용한 통근은 많이 불편하다. 승용차가 귀한 시절이어서 관광객들도 대중교통인 직행버스를 이용해 내장산으로 이동하기에 가을 한 달은 고생을 각오해야 한다.

그날도 퇴근길 버스 안은 발 디딜 틈도 없었다. 안내양은 자기 등으로 승객들을 밀어 차곡차곡 볏단 쌓듯 한다. 얼마나 왔을까. 이마에 땀방울이 맺힌다. 밀폐된 버스 안이 답답하여 숨이 차오르고 정신이 혼미해지려 할 때쯤 겨우 목적지에 도착한다. 한참을 걸어서 집으로 가야 하지만 시원한 공기를 들여 마시며 걷는 것이 차라리 좋게 느껴질 정도이다.

신혼의 기분을 만끽하려고 새로 맞춘 검정 원피스의 촉감이 집에 돌아오는 걸음걸이를 한층 가볍고 기분 좋게 해준다. 갓 결혼한 신부라서 한껏 멋을 부리느라고 검정 원피스에 어울리게 하얀 다

이아몬드 목걸이까지 하고 깜깜한 밤에 누가 봐주지도 않는데 혼자 만족하며 즐거운 마음으로 걸었다. 집에 도착한 후 목걸이를 빼려는 순간 정신이 확 든다. 깜짝 놀라 내 손을 의심하고 목을 몇 번씩이나 훑어 봐도 혼수로 받은 다이아 목걸이가 손에 잡히지 않는 것이다.

옛말에 "혼인치레 말고 팔자치레 해야 한다."라고 했다지만 나는 혼인치레를 제대로 했다. 보통은 금반지 한 세트도 어려웠던 그 시절에 순금으로 한 세트, 백금과 다이아몬드로 귀걸이까지 한 세트, 그리고 칠보 노리개까지 받는 호사를 했다. 그중에서도 다이아 목걸이는 가장 귀하게 여긴 예물인데 채 일 년도 간직하지 못하고 잃어버린 것이다. 황망하게 온 길을 되짚어 걸으며 샅샅이 찾아보았고, 잠도 자는 둥 마는 둥 일찍 출근하여 학교 안을 뒤져보았지만 보이지 않았다.

그러던 며칠 후 퇴근길에서 버스표를 걷어 가던 안내양이 "목걸이 잊어버리셨지요?" 그 말에 눈물이 쏟아질 것처럼 가슴이 저려왔다. "버스 안에서 소매치기가 따가는 걸 보았지만 말을 해줄 수가 없었어요. 죄송해요…." 갓 스무 살이나 되었을 안내양의 떨리는 목소리를 들으며 이내 체념할 수밖에 없었다. 이 노선에서 기생하는 전문 소매치기의 보복이 두려웠을 것이다. 고개를 창밖으로 돌리고 눈물만 소리 없이 찍어 낼 뿐….

몇 해가 지나고 전주로 전근을 왔다. 그해의 겨울을 알려주는 첫눈이 많이도 내린 날이었다. 은행에 일을 보러 가기 위해 택시를

38년 전 바닷가에서의 데이트

잡아보려 했지만 날쌘 사람들 사이에서 택시는 포기하고 시내버스를 기다렸다. 오는 버스마다 승객들로 가득하다. 몇 대를 보내고 기다려도 한가한 버스는 오질 않는다. 막 도착한 버스에 어쩔 수 없이 올라탔다. 몸을 비집어 넣으면서 안으로 들어가는데 저 뒤쪽으로 제법 큰 공간이 보였다. 좁은 버스 안에 어떻게 그런 공간이 생겼는지 운수가 좋다고 생각하며 얼른 뒤쪽으로 들어갔다. 그런데 시간이 지날수록 내 몸이 자꾸 뒤쪽으로 밀려들어갔다. 내리기 좋게 뒷문 가까이에 자리를 잡고 있었는데 덩치가 큰 남자가 뒤에서 날 밀며 치근거리는 것이었다. 더는 참지 못하고 못마땅한 얼굴로 그 남자를 돌아보며 "왜 이래요?" 최대한 퉁명스럽게 쏘아대는 말에도 거무스레한 얼굴에 짙은 색안경을 낀 그 남자는 표정 하나 변하지 않고 무심한 척 창밖만 보고 있었다.

갑자기 버스 안에 있는 사람들 모두가 이상할 만큼 흔들리고 있었다. 특히 내 주위의 사람들이 서로 밀리고 밀치는 작은 소동이 일어났다. 이런 상황은 처음이었다. 아무래도 무슨 일이 일어날 듯한 불길한 예감에 운전석 쪽을 보려고 했지만 버스 안은 사람 숲을 이루어 보이지 않았다.

두 승강장쯤 지나서 조금 전까지 나를 신경 쓰이게 했던 남자와 그 주위에 섰던 두세 명의 남자들도 내려 버스 안은 넓어지고 불안감도 없어졌다. 한숨을 돌리고 좀 널찍하게 서 보려는데 앞에 앉아 있던 아주머니가 내 손가방에 손가락질을 한다. 가방을 내려다보는 순간 심장이 멈추려 했다. 가방 아래쪽이 쭉 찢어져 있었고 안에 있던 작은 지갑과 통장, 그리고 예금하려고 준비했던 현금 봉투가 감쪽같이 없어졌다. 영화를 보면 그런 상황에서 소매치기 당했다고 차를 멈추라고 소리도 지르고 그러던데 막상 당하고 보니 부끄럽기도 하고 말문도 완전 막혀서 입도 뻥끗하지 못했다. 목적지까지 갈 필요도 없어졌다. 다음 승강장에서 내렸는데 정말 하늘이 노랗다는 말이 실감 났다. 온몸에 힘이 빠지고 한 발짝도 내딛기 어려운 현기증에 무력감까지….

갈 곳도 없지만 집에도 가기 싫었다. 생각할수록 속상하고 화나고 아깝고, 무엇보다 내 자신이 한심해진다. 많은 현금을 지닌 채 만원버스를 타다니. 버스 타면 구두 닦는 값도 나오지 않으니 택시 타고 다니라고 입버릇처럼 말하는 남편에게는 이 사실을 어떻게 말할까. 평생 택시를 타고 신발에 흙을 묻히지 않아도 될 만큼의 많은 돈을 잃었으니, 그 분함과 안타까움에 몸을 떨었다. 그런데 그런 일이 있은 후에도 나는 어지간해서는 택시를 타지 않았다. 택시 타기가 왜 그렇게 싫은지 나도 잘 모르겠다.

다음 해 여름, 해외에 파견근무 중이던 남편이 휴가를 얻어 들어오게 되었다. 편안하고 즐거운 한 달간의 휴식이 될 수 있도록 준비에 들어갔다. 다른 달보다 조금 더 많은 생활비에 휴가비까지 넉넉히 인출해서 은행을 나섰다. 택시를 탈까 시내버스를 탈까. 그날의 악몽이 떠올라 잠시 망설이고 있었는데 들어오는 버스를 보니 휴가철이고 한낮이라 그런지 한산했다. 만원버스도 아니니 또 소매치기를 당하는 일은 없겠지. 버스 안에는 열 명도 되지 않는 승객들이 더위에 졸고 있었고 거리도 한산했다. 가족들과의 휴가 계획을 궁리하다 보니 어느새 목적지에 도착했다. 한손엔 양산을 받쳐 들고 다른 어깨에 가방을 메고 걷기 시작했다. 집으로 가는 골목길도 평소와는 다르게 조용했다. 그때 갑자기 내 뒤에서 달려오는 큰 발자국 소리가 들렸다. 기분이 어쩐지 섬뜩해져서 뒤를 바라보며 가방을 앞으로 당겨 안으려는 순간 내 손보다 먼저 남자의 손이 가방을 잽싸게 낚아채고 있었다. 그야말로 찰나였다. "내 가방!" 외마디 비명을 지르며 남자를 쫓아 뛰기 시작했다. "도둑이야! 도둑, 잡아라!" 있는 힘을 다해 소리를 지르며 쫓았지만 거리가 점점 멀어지면서 놓치고 말았다.

이번에는 바로 파출소를 찾았다. 경찰관은 신속하게 오토바이에 나를 태우고 동네를 샅샅이 돌아봤지만 소매치기를 발견하지 못했다. 파출소로 돌아와 멍하니 앉아 있는데 다른 경찰관이 내 빨간색 손지갑을 찾아 들고 왔다. 얼른 받아 열어보니 현금은 다 가져가고 몇 개의 통장과 도장만 들어있었다. 택시를 타고 집 앞에서 내렸으면 이런 일을 또 당하진 않았을 텐데…. 뒤늦은 후회와 어리석음에 몸서리를 친다.

그 후로 한동안 악몽을 자주 꾸고 잠을 못 이루는 후유증을 앓기도 했다. 몸이 상하지 않은 게 어디냐는 주변 사람들의 위로도 있고 해서 마음이 조금씩 안정되어 갔다. 남들은 평생 동안 한 번도 겪지 않을 소매치기를 세 번씩이나 당했으니 팔자 치레니 해야지 어쩌겠는가. 그 인간 말종들은 어디서 또 뭔 짓을 하려나. 내 돈 가지고 한동안은 잘 먹고 시원하게 잘 지내겠지만 결코 끝이 좋지 않으리라는 소심한 저주를 퍼부어본다.

남편이 입국하던 날, 공항으로 마중을 나갔다. 허둥대며 지내느라 미처 발견하지 못했던 내 몸의 상처를 남편이 먼저 발견했다. 가방을 채갈 때 할퀸 왼쪽 팔이 시퍼렇게 멍들어 있었다. 사연을 들은 남편은 더 큰 일을 당하지 않은 것만도 천만다행이라며, '구두 닦는 값도 안 나온다.'는 얘기를 설교처럼 또 했지만 난 참으면서 들을 수밖에 없었다.

남편은 그런대로 별 불편 없이 한 달을 잘 지내고 떠나면서 또 당부한다. "절대 시내버스 타지 말고 택시 타고 다녀 알았지?" 열사의 땅으로 내딛는 발걸음이 무겁겠지만 환한 미소로 나를 향해 손을 번쩍 들어 보이는 남편, 수세미 속 같은 마음을 감추고 역시 미소로 화답하는 나. 그 시간만은 비정한 멜로드라마의 남녀 주인공이 된 것만 같다.

1992년 8월 20일 목요일

남편을 떠나보내는 공항터미널에서

튼튼하게만 자라다오

만사에 욕심이 많다는 것은 자타가 인정하는데 자식을 키우는 데 있어서도 내 마음이 찰 만큼 밀어붙이는 것 같다. 세 남자 사이에서 성격이 남성화되어 그러는 것이 아닌가 할 정도로 아들 녀석들을 혹독하게 대한다고 스스로 생각할 때가 많다.

두 아들의 하교 후 관리가 어려워 내 근무처로 두 아이를 전학시켰다. 어린 아이들이 걷기에는 좀 먼 거리를 함께 걸어 통학하고 있다. 24시간을 붙어 있으면서 엄마의 계획에 맞춰 행동하느라고 힘이 든다는 것도 잘 알고 있다.

큰아이는 어려서부터 차분하고 잘해보려는 의욕이 충만해서 엄마의 욕심에 어느 정도는 맞춰 주고 있다. 나름대로 해결능력도 있어서 힌트만 주면 곧잘 해결을 하고 행동도 민첩해서 일의 처리도 빠른 편이다. 하지만 작은아이는 큰아이와는 좀 달랐다. 귀여운 외모와 행동에 가족과 친지들에게 사랑을 독차지하였으며 활달하고 유머 감각도 많아서 항상 밝게 지내는 성격이었다. EQ가 높은지 새로운 친구도 잘 사귀어서 친구도 많고 친절하기까지 하다. 그런 적극성이 지나치다 보니 남의 뜻에 따라야 하는 상황이나 자신의 행동이 제지당하는 것을 못 견뎌 하는 것 같았다.

매사를 자기 생각과 계획대로 하고 싶어 했다. 요즘 시대에 유치원이나 학원을 한 군데도 거치지 않고 더구나 한글도 깨치지 않고 초등학교에 입학하는 아이는 특별한 경우를 제외하고는 거의 없을 것이다. 그런데 우리 작은아이가 그런 경우에 속했다. 유치원은 딱 3일 다니더니 가기 싫다고 수료해 버렸고 학원은 모두 고개를 절레절레 흔들었다. 용케 주산 학원을 가겠다고 해서 보냈더니 아니나 다를까 2주 만에 주산을 팽개쳐 버렸다.

이유를 들어보니 설명은 차근차근 잘한다. 유치원에서는 단체로 활동하는 것이 싫다고 한다. 자기 하고 싶은 대로 하면서 놀고 싶은데 그렇게 하지 못하고 함께 해야 하는 것이 싫고 답답하다는 것이다. 학원은 규칙적인 시간에 맞춰 행동하는 게 싫고 무엇보다 꼼짝 않고 앉아서 배워야 하는 압박감에 흥미를 느끼지 못하는 것 같았다. 놀 만한 동네 또래들이 모두 유치원이나 학원을 가기 때문에 심심했는지 스스로 한곳 선택한 곳이 주산 학원이었는데 역시 심심한 게 나았는지 가지 않겠다고 막무가내로 버틴다.

큰아이는 어느 곳이든지 보내면 싫든 좋든 잘하든 못하든 군말 없이 잘 다녔는데 작은아이는 달라도 너무 달랐다. 몇 번을 어르고 달래도 봤지만 결과는 마찬가지였다. 어린애를 너무 통제하는 것도 문제가 있을 수 있다 싶어 하고 싶은 대로 하도록 했다. 다만 한글이라도 가르쳐 입학시켜 볼까 하고 책을 펼치면 엄마를 매혹시키는 능력까지 있어서…. 엄마의 수업시간에는 운동장에서 혼자 실컷 놀다가 그것도 지치면 교실로 찾아와 군것질 값을 받아 간다. 제 성에 안 차면 부끄러운 줄도 모르고 운동장에서 데굴데굴 구르던 녀석이 이제 초등학교에 입학을 했다.

학교생활이 뭔지도 모르는 녀석이 담임은 예쁜 여선생님이기를 바라는 이유는 무엇일까, 담임선생님을 잘 따르는 것을 보니 학교생활의 시작은 아주 좋았다. 집에서 하는 행동으로 봐서는 선생님을 편하게 할 아이가 절대 아니었다. 아이들이 모여 장난치는 곳에는 꼭 끼여 있고 가만히 앉아서 공부를 하는 것보다는 선생님의 자잘한 심부름 다니기를 좋아했다. 수줍어하는 학교생활보다는 활달한 것이 부모 입장에서는 좋았지만 담임선생님은 힘드셨을 것이다. 그래도 담임선생님은 내게 작은아이의 칭찬만 하셨지만 왜 내가 모르겠는가.

새로 만난 친구들과 즐겁게 두 달을 보내고 난생처음으로 시험이라는 걸 보는 날, 녀석은 여느 날과 다름없었다. 나만 긴장으로 가슴이 콩닥콩닥 그야말로 좌불안석이었다. 4교시 시험이 끝나고 내게 온 아이는 아무 걱정도 없었다. 시험의 의미 자체를 모르니 그럴 수밖에. 안절부절 못하는 내가 여러 질문을 하는 걸 되레 귀찮아하며 대답도 시원하게 하지 않고 밖으로 뛰어 나간다.

다음 날, 시험지를 돌돌 말아 들고 온 아이의 얼굴에 걱정스런 표정이 조금 엿보였다. 나중에 들어보니 첫 시험이라서 특별히 잘

•• 일단, 멋진 폼을 잡고

•• 마이산에서 돌탑을 쌓고 있는 귀염둥이

한 아이들을 선생님이 일으켜 세워 칭찬을 해주었다고 한다. 시험을 치르기 전에는 뭐가 좋고 나쁜 것인지도 몰랐던 녀석은 담임선생님의 행동에 어떤 자극을 받았던 모양이다.

작은아이의 어두운 표정을 보자마자 뭘 물어보고 말고도 없이 시험지를 빼앗다시피 펼쳤다. 점수를 본 순간 그만 화가 치밀어 올라왔다. 가르치지 못한 내 잘못은 생각지도 않고 그저 내 기대치에 미치지 못한 아이에게 매를 들고 말았다. 어리석은 엄마의 행동에 아이는 작은 소리로 슬피 울었다. 시험이란 것의 결과에 놀라고 엄마의 행동에 또 놀라고… 바보 같은 내 행동에 마음이 아프고 아이가 안쓰럽기 그지없었다. 이 어린것이 뭘 안다고, 또 이런 성적이 뭐가 얼마나 중요하다고, 이제 시작인데 나의 지나친 욕심과 기대에 맞추려고 아이에게 아픔을 주고 만 것이다. 엄마의 책임이 큰데 지금 누구를 책망하고 있는 건가. 아이에게 죄를 짓고 말았다. 이제 어쩔 것인가. 시간을 거꾸로 돌릴 수도 없는 상황이다. 우는 아이를 끌어안고 "이제부터 공부 시간에 다른 짓 하지 말고 선생님 말씀만 잘 들어. 그러면 공부 잘하게 될 거야, 알았지!"

그 후 작은아이가 초등학교를 다니는 내내 나는 몸이 아팠다. 아이가 학교생활을 어떻게 하는지 알아볼 수도 없을 만큼 많이 아팠었다. 그래서 작은아이는 엄마의 사랑과 가정 학습지도를 제대로 받지 못했고 어린 나이에 혼자서 모든 것을 해결해야만 했다. 그래도 학교 가기 전에 누워 있는 엄마의 주위를 한 번 더 살펴보고, 이불을 목까지 올려 덮어주면서 다독거리며 인사하는 작은아이는 사랑과 인정이 많고 고운 심성을 가진 예쁘기만 한 아들이었다. 작은아이에 대한 미안함은 언제까지나 변함이 없을 것 같다. 직접 도와주지는 못했어도 엄마로서 사랑과 관심은 항상 가지고 있었다고 말해 주고 싶다. 초등학교 6년을 잘 보내고 중학교에 입학하게 된 것도 축하하면서 말이다.

조기교육의 필요성을 주장하는 학자들에게 반항하기라도 하듯 작은아이를 방목하다시피 키운 것이 많이 아쉽다. 아이들에겐 꼭 공부뿐이 아니라 잘하는 영역이 분명 있고 그 길로 나갈 수 있도록 우리의 교육환경이 아이들의 소질과 개성을 키워줘야 하는데 아직은 허락하지 않는다.

"튼튼하게만 자라다오!"는 이십여 년 전 우리의 교육환경이 열악했을 때 열등생으로 처진 아이들을 위로하기 위한 구호였다. 몇 년 전부터는 "행복은 성적순이 아니잖아요!"란 말로 바뀌면서 성적지상주의를 비판하는 교육계 안팎의 분위기가 느껴진다. 하지만 현재의 교육현장은 아이들의 다양성을 살려주기에는 아직 갈 길이 멀다.

모두가 맨 앞에 서서 달리지는 못한다. 착하고 건강하게 자라주어서 고맙기만 하다. 적성에 맞는 일을 하면서 건강하게 살면 그게 행복이지 않을까. 가장 앞에, 가장 위에 서길 바라는 나를 비롯한 우리네 부모들의 욕심이 잘못된 것임을 깨닫기를 바란다.

인정 많고 멋지고 착한 우리 작은아들, 건강하고 지혜롭게 잘 자라서 자기만족의 행복한 삶을 살아가길 바랄 뿐 더 이상의 욕심은 엄마로서 바라지 않을게. 맨 앞자리가 아니어도 괜찮아.

"아들! 건강하고 행복하게 잘 살아!"

1994년 3월 2일 수요일

너무너무 사랑스런 작은아이가 중학교에 입학한 날

가벼운 유언장

병원 접수실 앞 복도 한편에 멍하니 앉아 있는 남편과 나. 한 달 전부터 초진에 재진, 또 수술을 위한 정밀검사까지 마치고 드디어 수술을 위해 입원수속을 밟고 있는 중이다. 간호사의 안내를 받으며 태연하려 애쓰는 나와 억지로 밝은 표정을 짓는 남편, 오늘만큼은 연기력이 빼어난 배우 같다.

6인실 병실의 남쪽 창가에는 침대 하나와 의자 하나가 덩그러니 놓여 있다. 남편은 의자에 앉고 나는 침대에 걸터앉는 순간부터 맥이 풀려버린다. 환자복으로 갈아입고 간호사의 간단한 질문 몇 마디에 대답을 하고 나니 힘이 스르르 빠져나가 침대에 모로 쓰러져 버린다. 크게 심각한 병도 아니었다. 산부인과 계통의 작은 종양 하나 제거하는 수술인데도 못내 걱정스럽고 쓸데없는 생각들이 꼬리를 이었다.

어젯밤은 내게 주어진 마지막 시간이라는 생각에까지 이르자 가만히 있을 수 없었다. 복사용지 한 장을 책상에 펼쳐놓고 아이들과 남편에게 앞일을 당부하는 편지를 쓰려고 했다. 그런데 큰 설움에 복받쳐 눈물만 쏟아졌다. 한 시간 정도 그러고 있다 '이러면 안 되지…. 할 건 해야지.'라며 은행통장을 정리하기 시작했다.

그동안 남편은 가정의 경제에 전혀 개입하지 않았기 때문에 우리의 재산 상태를 잘 모르고 있다. 통장의 특성과 비밀번호를 따로 적고, 얼마 되지 않은 내 개인재산을 남편과 두 아들 몫으로 분배해서 적어 넣었다. 그리고 몇 자 당부의 글을 적어 넣고 보니 이런 게 유언장인가 싶었다. 내 당부대로 이행이 되고 안 되고는 세 남자가 알아서 할 일이지만 그래도 나는 그렇게라도 해 놔야만 마음이 놓였다.

만약에 내가 잘못된다면 두 아들이 너무 걱정이 되었다. 지금처럼 밝고 착하게 커 줄 것인가? 아들들은 너무 걱정이 되는데 남편은 생각보다 걱정이 덜 된다. 새로 이 집에 들어오는 여자가 있다면, 두 아들과의 사이에서 갈등이야 없을 수 없겠지만 부대끼고 살다보면 어느새 가족이 되어 있을 테고, 나라는 존재는 점점 잊혀져가겠지? 누가 말했던가, 버림받은 여인보다 더 가련한 것은 잊혀진 여인이라고.

부질없는 생각에 마음은 더욱 불안하고 정신마저 아득해진다. 남편은 그런 내 마음을 아는지 모르는지 그저 걱정스러운 얼굴로 바라보고 있다. 마주치는 눈길을 피한 남편은 짐짓 태연한 척 짐

보따리를 풀어놓는다.

밤이 되자 수술준비가 시작되었다. 신상카드와 금식카드가 침대 머리맡에 붙여지고 여러 가지 간단한 검사부터 복잡한 온몸 소독까지 순서대로 진행될 때마다 나와 남편은 말 잘 듣는 어린아이가 되어가고 있다. 평소 보기에 좋지 않을 정도로 혈관이 튀어나와 있던 터라 걱정을 안 했는데 의외로 혈관이 약하다고 한다. 링거바늘이 삽입되지 못하고 혈관만 여러 번 터지는 바람에 멍들고 붓고 피가 나고…. 옆 환자의 신음소리, 간호사의 들락거림, 거기에

강원도 카 레이스장에서 남편과 함께

주사바늘 꽂은 불편한 자세, 집에 두고 온 유언장 아닌 유언장까지 잠을 방해했다. 둘 다 뜬눈으로 밤을 새웠나 보다.

"괜찮을 거야."란 말만 되풀이하는 남편의 손을 꼭 잡고 수술실로 들어갔다. 알몸에 홑이불 한 장만 뒤집어쓰고 침대에 누운 내 모습이 처량해 뜨거운 눈물이 자꾸 흘러내렸다. 정말 눈물은 뜨거웠다. 이런 것인가, 인생이란. 내가 지금껏 열심히 살아온 흔적이 몇 개의 통장으로만 남는 것인가. 이렇듯 떠날 때 옷 한 벌 건지지 못하는 것이 우리들 삶이지 않은가. 살아 온 날들이 후회는 없다. 나름대로 만족하며 즐겁게 살았다고 생각한다. 천수를 누리지 못하는 것도 그리 억울하지는 않다. 두 아들 녀석만이 눈에 밟힐 뿐이다.

"잘하고 나와…. 기도할게!" 남편이 손을 놓았다.

수술실은 생각보다 더 을씨년스럽다. 여러 개의 등이 매달려 있는데 불빛은 아직 밝히지 않았다. 푸른 수술복과 두건을 쓴 간호사들이 잰 손동작으로 두 발과 두 손을 수술대에 묶고 두건을 씌웠다. "열을 세어 보세요."라는 간호사의 말에 다섯까지는 센 기억이 난다.

"환자분, 환자분! 눈 뜨고 기침을 해요, 기침을."

'아, 내가 깨어났구나, 잠깐인 것 같은데 벌써? 오, 하나님 감사합니다. 제가 다시 살아났습니다. 감사합니다.' 안도의 한숨이 그리고 기쁨이 동시에 솟아났다. 누가 날 흔든다. 힘을 들여 눈을 떴다. 날 내려다보는 남편의 얼굴이 흐릿하게 보였다.

"여보, 아주 잘되었데. 안심해." 8시간이나 걸렸단다. 그동안 남편은 얼마나 걱정이 되었는지 애꿎은 커피만 연거푸 마셨다고 했다. 유언장에 남편보다 아이들 걱정만 엄청 해놨는데, 재산도 애들 몫으로만 거의 떼어놨는데…. 그것도 모르는 남편은 나를 위해 그렇게 많은 걱정과 기도를 했다고 한다. 미안한 마음으로 남편의 얼굴을 유심히 바라보았다.

회복실에서 병실로 돌아왔는데 통증이 심했다. 남편이 밤새 간호를 하는 것 같기는 했는데 마취에서 완전 깨어나지 않았는지 기억이 확실하지 않았다. 아침이 되어 통증은 덜했지만 신음소리가 절로 나왔다. 아저씨가 너무 잘해 주시니 아주머니가 엄살을 더 부리는 것 같다고, 다른 보호자가 얄미운 농담을 던져놓는다.

회진시간에 담당의사가 오더니 "많이 아프지요? 다른 환자들보다 두 가지를 더 수술 받아서 아프실 거예요." 말을 듣고 보니 더 아파온다.

남편은 짜증도 내고 간병 못한다고 핀잔을 줘도 다 이해하고 받아주었다. 이 세상에서 가장 만만한 상대는 오직 남편뿐임을 친정어머니가 교대 간병을 시작하는 시간부터 알게 되었다. 마음 놓고 늘어뜨렸던 몸과 마음이 긴장되고 정신이 바짝 들었다. 연로하신 친정어머니가 걱정하고 힘이 들까봐 어지간한 일은 나 혼자 해결해보려고 애를 썼다. 수술 후 사흘 밤낮 동안 남편이 누워 있는 모습을 보지 못했던 것 같은데 친정엄마는 간이침대에 나보다 더 많이 누워 계신다.

다음 날 남편의 퇴근 시간과 함께 나는 다시 중증 환자로 몸과 마음이 변했다. 남편은 정이 많고 마음이 약한 탓에 남의 어려운 사정을 그냥 넘기지 못해 경제적 손해를 많이 봤었다. 그럴 때마다 나한테 좋지 않은 소리도 많이 들었다. 그러나 가족과 가정을 제일로 아는 자상한 남편의 진면목은 알고 있다. 상태가 호전되면서 남편은 어린아이처럼 좋아했고 혼자서 일어나기라도 하면 아빠가 어린아이 바라보듯 대견스러워 했다.

어느덧 보름이 지나 퇴원하여 집으로 돌아오는 내내 남편은 운전은 뒷전이고 나를 바라보느라 정신이 없다. 껄껄 웃으면서 "아~ 좋다, 좋아! 야, 내가 얼마나 울며 걱정한 줄 당신은 모를 거야. 정말 좋다."

좋다, 라는 말을 반복하며 행복해 하는 남편 옆에 앉아 나는 안도의 숨을 들이마셨다. 병원 안의 공기와는 아주 다른 상쾌하고 맛있는 공기였다. 집에 도착하면 곧 바로 유언장 아닌 유언장을 찾아 다시 한 번 더 읽어보고 얼른 없애야겠다. 남편이 읽어보기 전에…. 이번 간병의 고마움과 나를 향한 남편의 마음이 앞으로 내가 생각하는 내 인생의 전환점이 될 듯도 싶은데 아직은 잘 모르겠다.

1994년 10월 20일 목요일
수술을 마치고 퇴원하는 날 오후에

세입자 큰딸

오늘부터 아버지께서 우리 집에 오시지 않는다. 아침 일찍부터 왠지 마음이 싱숭생숭하다. 11년을 하루도 거르지 않고 아침 일찍 우리 집에 오셔서 만나 뵙고 출근을 했었는데 오늘 아침에는 뵙지 못했다.

아버지는 말씀이 적으시고 온화한 성격에 인정이 많은 분이셨다. 6남매를 힘들게 키우면서도 묵묵히 가장의 역할만 하셨다. 타인과의 관계에선 당신이 손해를 보더라도 조용하고 원만하게 마무리 지으시는 평화주의자셨다. 그래서 때론 어머니를 힘들게 했는지도 모른다.

스물일곱 해를 아버지의 사랑과 보살핌 속에서 살다가 결혼을 하게 되어 처음 아버지 곁을 떠나게 되었다. 큰딸은 살림밑천이라는데 경제적으로 도움을 드리지 못하고 출가를 한 셈이다. 그러다가 일 년 만에 친정으로 들어가게 되었다. 살림살이를 이고 지고 말이다. 직장생활로 인해 큰아이의 양육을 친정어머니께 의지하기 위해서였다.

어머니는 연세가 많지는 않으셨지만 잔병이 많고 건강하지 못한 체질이어서 아버지와 동생들의 힘까지 동원해서 첫아이를 키웠다. 어머니는 낮에는 가사에 바쁘셨고 동생들은 학교에 다녔으므로 아버지께서 첫아이는 물론이고 둘째 아이 역시 돌봐주셨다. 그렇게 만 여섯 해를 친정에서 세입자 아닌 세입자로 살았다.

유독 활동적이었던 두 녀석을 쫓아다니느라 아버지는 말은 아끼셨지만 많이 힘드셨을 것이다. 밭을 매고 말지 아이는 못 본다는 말도 있는데 그때의 아버지의 처지와 어쩜 그리 들어맞는 속담이었는지 모르겠다.

아버지는 경찰공무원이셨는데 성격에 맞지 않아 젊은 나이에 그만두고 농군으로 한동안 살았었다. 하지만 쌀농사만으론 자식들 뒷바라지하기 어려워서 논을 모두 소작으로 돌리고 전주로 나와 있던 때였다. 장사라도 해야겠다는 막연한 계획만 몇 년 동안 가지고 있는 터라 어머니께 핀잔을 많이 듣던 때여서 외손자를 자전거에 태우고 틈만 나면 밖으로 나가셨다. 육아만 하기에는 아직 억울한 오십대 중반의 나이였다. 그래서 소일도 하시고 경제적인 문제도 해결하시라고 조그만 가게를 한 칸 마련해드렸다. 장사를 하기엔 전혀 맞지 않는 성품을 지닌 분이지만 그 당시 대학생 동생들이 셋이나 있던 터라 가장인 아버지는 두말없이 장사를 시작하셨다.

나중에 집을 지어 살 목적으로 매입해두었던 땅이라 장사하기에는 그리 목이 좋은 편은 아니었다. 그래도 단독주택단지가 커서 생필품을 팔면 괜찮을 것도 같아 점포 두 칸과 방 두 칸을 지어드렸다. 처음에는 소일거리로 생각했는데 석유, 연탄, 쌀, 소금 등으로 품목을 늘려 가다보니 노동의 강도가 만만치 않은 것 같았다. 처음 몇 달은 찾는 손님도 많지 않아서 동네 아저씨들과 막걸리 한잔의 시간을 보내시거나 돋보기를 쓰시고 신문을 읽으시는 모습이 더 많았는데 말이다.

그 이듬해 친정살이를 정리하고 가게 뒤 남은 터에 양옥집을 지어 이사를 했다. 겉모양새는 아버지가 우리 집 세입자가 된 것이지만 실제로는 아버지께서 집도 봐주시고 초등학생 큰아이와 아직 어려 집에서 돌봐야 했던 둘째 아이의 보모역할도 맡은 셈이었다.

주문 받은 물건을 배달하는 틈틈이 두 아이 양육과 집 안팎 청소, 세금 납부, 심지어는 찬거리까지 사다주셨다. 본래 부지런한 성격이라 잠시도 앉아 있지 않는 분이셨지만 조금의 불편함이라도 있나 미리 살펴보면서 수고를 아끼지 않으셨다. 두 외손자들을 끔찍이 사랑해 주셨고 공부 잘하는 걸 자랑거리로 삼으셨다. 큰딸인 내가 친정의 살림밑천이 되어준 것인지 아버지가 나를 보살피는 일이 계속된 것인지 분간하기 힘든 11년이란 시간을 한집에서 함께 보냈다. 그동안 세 명의 동생들은 대학공부까지 모두 마쳤으니 부모로서의 역할은 백 퍼센트 다 한 셈이었다. 그러는 사이 아버지 나이는 예순일곱이 되었지만 말이다.

•• 손자를 끔찍이 사랑해주신 부모님(해외여행 중)

아버지와의 한집살이는 큰아이가 고등학교에 입학하면서부터 문제가 생겼다. 승용차로도 40~50분이나 걸리고 시내버스도 두 번이나 갈아타야 하는 먼 곳으로 배정을 받았기 때문이었다. 아침 시간 일 분도 아쉬운 고등학생에게 한 시간 이상 걸리는 거리는 무리였다. 더구나 나도 그해 시골로 발령이 나는 바람에 편리를 위해서 조금 더 가까운 곳으로 이사를 하고 싶었다. 그리고 아버지께도 휴식을 드리고 싶었다. 친정 동생들을 대학까지 다 가르친

후라 조심스럽게 말씀을 드렸다. 그런데 딱히 일을 손에서 놓고 싶지 않은 눈치셨다. 그래서 어쩔 수 없이 새 주인과 전세계약을 맺어드린다고 했지만 다른 사람 집에서까지는 장사를 하지 않겠다고 하셨다.

그제야 아버지가 단지 세를 내지 않아서 여기에 오래 머물러 계셨던 것이 아니라는 사실을 깨달았다. 애잔하고 편하지 않았다. 남편도 무척 곤란해 하며 아버지 서운하시지 않게 해 드리라고 당부를 했다. 다행히 어머니와 동생들도 이제 일을 그만하시라고 권했고 당신께서도 나이 먹은 현실을 받아들이는 것 같았다.

집이 팔리고 이사 갈 날이 가까워 오자 아버지께서는 가게를 비울 정리를 천천히 하셨다. 조금씩 깔린 외상값도 걷어 들이고 11년 세월이 묵은 다락방도 치우고, 두 칸 가게가 점점 비워져 가는 동안 내 마음도 텅 비워져 가는 것 같았다.

바로 어제였다. 가게에 들러 퇴근 인사를 드렸더니 "내일은 문단속 잘 하고 출근해라. 오늘 다 치웠다." 그 말씀에 가슴이 철렁 내려앉는다. 가슴이 저렸다. 아무 대답도 하지 못했다. 뭐라고 대답할 말이 쉬 떠오르지 않았다. '아버지 그동안 고마웠어요. 아버지 자리가 얼마나 크고 든든했는지를 이제 알 것 같아요.' 하고 싶은 말은 눈물이 핑 돌아 입 안에서만 맴돈다.

11년 동안 출퇴근과 물건을 배달했던 자전거를 끌고 대문을 나서는 아버지의 뒷모습이 왜 그렇게 쓸쓸해 보이는지. 하시고 싶은 일을 억지로 접게 했으니 불효도 이만저만이 아니다. 아버지께서 상처를 많이 받지 않으시면 좋겠다. 마음이 여리고 약하신 분이신

데. 두 번째 이별은 내가 억지로 만든 이별인 것 같아 죄송스러운 마음에 눈물이 자꾸 흘러내렸다. 그동안 잘해 드리지 못했던 일, 나로 인해 마음에 상처를 입으셨을 것 같은 일들이 가슴을 후벼 후회로 가슴 깊은 곳에서 솟아오른다. 복받쳐 오르는 서러움을 감당할 수가 없어 마당에 주저앉아 서럽게 울고 또 울었다. 집이 텅 빈 것 같았다. 날마다 사랑을 듬뿍 주시는 외할아버지의 정을 우리 아이들도 이제 못 받겠구나.

출가하면서 맞았던 첫 번째 이별과 지금 맞이한 두 번째 이별, 그리고 영원한 이별이 될 세 번째 이별은 언제쯤이 될까. 길러주고 보살펴 주신 부모의 은덕을 다 갚지는 못하겠지만 효도를 다할 수 있을 것인가.

아버지가 나가시면서 닫은 대문은 굳게 닫혔는데 나는 마당에 우두커니 서 있었다. 금방이라도 "야~큰 애야!" 라며 다시 들어오실 것만 같다. 어디쯤 가셨을까. 자전거 페달을 밟는 슬리퍼의 잔상이 떠오른다. 변변한 신발 한 켤레 사드리지 못한 것 같다. 삶의 무게를 고스란히 지탱한 사계절 슬리퍼는 항상 낡아있었다. 아버지는 지금 무슨 생각을 하시면서 가고 계실까. 얼마나 서운하시고 속상하실까. 혹시 마음으로 우시며 가시지는 않을까. 영원한 세 번째 이별을 맞기 전에 좋은 일만 안겨 드리고 싶다. 효도를 위해 할 일은 많을 것 같은데 잘해 드릴지 모르겠다. '아버지 오래오래 건강하게 사세요.'

1994년 6월 11일 토요일
아버지를 떠나보내며 금암동에서

역시 어머니

꽃향기가 천 리를 품는다면 어머니의 사랑은 만 리도 더 품을 수 있는 강력한 향을 지녔을 것이다. 젊어서나 늙어서나 자식을 내려놓지 못하고 평생을 품에 안고 사시는 어머니. 한평생을 자식들 뒷바라지에 당신의 모든 것을 비워가며 자식들에게 채워주시는 세상의 어머니들. 이런 어머니가 지금 곁에 계셔서 난 행복하다.

문자가 들어오는 소리에 반사적으로 손이 간다. 남동생으로부터다. "공부는 끝이 없다~." 갑자기 무슨 소리? 평생 공부 속에서 살아온 나를 빗대는 소린가. 또 다시 문자가 들어온다. 전송된 한 장의 사진에 절로 웃음이 터진다. 구순을 바라보시는 어머니가 방바닥에 엎드려 왼손으로는 글자를 짚고 오른손으로는 연필을 꽉 쥐고 열심히 글자를 쓰고 계신다. 돋보기를 쓰시고 책상도 밥상도 아닌 방바닥에 엎드려 열심인 어머니가 한없이 예쁘고 귀엽기까지 해서 웃지 않을 수가 없었다. 하지만 어머니가 공부에 매달리는 숨은 뜻을 새겨 보면 가슴이 먹먹해진다. 치매에 걸리면 자식들 고생시켜 큰 일 난다며 공부에 전념하신다는 것이다.

"요즘 한글 공부에 열심히시다."는 말은 어머니를 모시고 있는 막둥이 동생한테 들었지만 이렇게 열심히 하실 줄이야. 젊은 시절 고루하고 엄하셨던 외할아버지의 반대로 제대로 학교를 다니지 못했고 그저 어깨너머로 한자를 조금 배운 게 학력의 전부라는 어머니. 그렇지만 영특해서 한글을 혼자 깨쳐 일상생활에 큰 불편은 없었지만 그래도 공부에 대한 갈증은 항상 있었나보다.

•• 열심히 공부 중이신 어머니

칠십대에는 동네 할머니들 모두 집으로 오게 하여 치매예방에 좋다며 고스톱 판을 벌이기도 했었다. 함께 하던 할머니들이 먼저 돌아가거나 병들어 자식들 집으로 들어가서 이제 고스톱 판을 만들 친구가 없다는 말씀을 쓸쓸하게 하신 적도 있다. 그나마 노인들이 모이는 경로당에 가더라도 연세가 많으신 어머니는 세대차를 느껴 대화에도 끼기 쉽지 않아 그냥 듣기만 하신다고 한다. 고생스러웠더라도 젊었을 때가 그래도 좋았단 말이 마음을 울린다.

그러던 중 교직을 은퇴한 자원봉사자 몇 분이 집 근처에 노인한글교실을 열었나 보았다. 어머니가 언젠가 노인들에게 공책과 연필도 사주고 간식도 챙겨주는 고마운 분들이 있다고 칭찬을 하는 말씀을 들었었다. 흐뭇해하시는 어머니를 보면서 나의 퇴직 후 봉사활동 리스트에 노인한글교실을 올려놓기도 했다. 어머니가 받은 감사함을 딸이 다른 분들께 돌려드린다는 것은 어쩌면 당연한 것 아닌가.

자식들 교육에 열성적이셨던 어머니는 한글 공부 역시 일등이라도 할 기세로 열심히 하실 것이 분명하다. 무엇이든 남에게 지기 싫어하시고 앞장서기를 좋아하시니까. 그리고 똑똑하시니까. 역시 우리 어머니! 그런 어머니에 대한 일화 한 토막이 생각난다.

몇 해 전 어느 날 늦은 오후였다. 그날도 어머니는 자식들 저녁을 먹여 보내려고 주방에서 저녁 준비를 한창 하고 계셨다. 우리 형제들은 마루에 앉아 지내온 얘기에 재미가 붙었는데 어떤 아주머니가 "여기가 계장님 댁인가요?" 라며 대문을 들어섰다. "아뇨. 계장님 댁 아닌데요." 내 말이 채 떨어지기도 전에 어머니는 주방에서 뛰어나오시면서 "예, 맞아요. 내가 계장인데 누구서?" 난 어느 직장의 직책인 계장을 떠올렸지만 알고 보니 어머니는 동네 한 모임의 계장님이셨던 것이다. 당당하게 나서는 어머니를 보고 우리 형제들은 배꼽을 쥐고 웃었던 기억이 떠오른다.

그래 우리 어머니 정도라면 계장이 아니라 부장님 직책도 부족하리라. 리더십이 있고 유머 감각도 풍부해서 어느 자리에서나 항상 주인공이 되시는 어머니. 모임을 언제나 화기애애한 분위기로 만드는 데 재능이 있는 우리 어머니. 공부만 조금 더 했더라면 아마 한 조직을 대단히 성공적으로 이끌었을 것이었다.

며느릿감으로 처음 선 봤던 할머니께서 '눈이 황소 눈만 해서 좀 그렇다.'라고 할 만큼 어머니는 이목구비가 뚜렷하신 현대판 미인이셨다. 독자 아들에게 시집온 어머니는 아들 손자를 원하시는 시부모님께 딸 손녀만 둘을 계속 안겨드려서 만만치 않은 시집살이도 경험하셨고, 외아들은 안 된다는 깐깐한 시어머니의 뜻에 따라 늦둥이 아들까지 육남매를 낳아 키우느라 고생을 하셨다. 6·25 전쟁 중에는 경찰관의 아내여서 나를 업고 밤새 길을 걸어 외가로 피신하기도 했다. 그런 연유로 친정집 식구들까지 불안에 떨어야 했다. 한번은 경찰가족을 색출한다고 내려온 빨치산에게 몰살당할 뻔했는데, 어머니의 재치로 따돌린 얘기는 지금 들어도 아슬아슬하다.

가정형편이 매우 어려웠을 때도 어머니는 우리 육남매의 양육과 교육을 훌륭하게 맡아 내었다. 각양각색인 육남매를 그 품에 안고 자식들이 원하는 길로 뒷바라지를 다 해주셨다. 그런 당신께

나는 불효녀 맏딸이었다. 직장을 핑계로 내 두 아들의 양육까지 어머니께 모두 맡겼으니 어머니는 오죽 힘드셨을까. 건강하시지 못한 어머니는 이른 새벽부터 늦은 밤까지 식구들 뒷바라지와 두 외손자의 양육 때문에 잠시도 쉬지 못하셔서 과로로 쓰러진 적도 있었다. 그런 어머니의 헌신적인 양육 덕에 우리 두 아이들은 바르고 곧게 잘 성장했다. 그저 감사하고 죄송할 뿐이다.

그런 어머니가 당신의 모든 것을 자식들에게 다 내어 주고 이제 텅 빈 힘없고 나약한 아기가 되셨다. 가진 것 다주고 내려놓을 것 다 내려놓으셨지만, 받으려 하지 않고 채우려 하지 않으시는 어머니. 그래도 뭘 더 주지 못해 항상 안타까워하시는 어머니는 오늘도 자식들 생각에 시린 가슴을 안고 잠을 못 이루시지나 않는지….

자식들에게 효도를 받는 게 마땅하시지만 절대로 자식들에게 짐이 되지 않겠다며 운동도 거르지 않고 치매걱정에 공부도 놓지 않으시는 어머니. 그래서 부모의 은혜를 다 갚고 죽는 자식은 없다고 하지 않는가. 아니 있을 수가 없다, 어찌 어떻게 어머니의 은혜를 다 갚는단 말인가.

이제 아흔을 바라보는 어머니는 하루가 다르게 허약해지는 것이 눈에 보인다. 그럼에도 항상 마음뿐 평생을 함께할 것 같은 착각에 어머니께 효도를 다하지 못하고 있다. 마음뿐인 효도는 뒤늦은 후회의 늪을 만들고 있는지도 모른다. 어리석음이 지혜를 앞지른다는 말이 꼭 맞는 말이다. 사람은 후회가 꿈을 덮기 시작하면 늙기 시작하는 신호라 한다. 호스피스 전문의 오츠 슈이치는 『죽을 때 후회하는 스물다섯 가지』란 책에서 죽음을 맞이한 이들이 마지막 순간에 느끼는 후회의 공통분모를 들려주고 있다. 그중 제일 높은 비율을 차지하는 후회는, 사랑하는 사람에게 고맙다는 말을 많이 하지 못한 것이라고 한다.

나도 이제 늙었나 보다. 아니 나이로 봐서는 충분히 늙었지만 주위 사람들에 대한 후회가 많아지는 걸 봐서 더 그렇게 생각된다. 특히 어머니께 말이다. 우주의 시간에 비하면 우리 인생은 그저 눈 깜짝할 시간에 불과하다. 그러나 우리 어머니들의 깊고 강한 사랑이라는 원자는 우주 속에 영원히 존재하리라. 우리 어머니는 그런 자격이 충분하시지만 나는 그런 어머니가 될 것인가 궁금하기도 하고 두렵기도 하다. 지금이라도 이곳에서라도 한 번 더 크게 외쳐 본다.

"어머니~ 사랑합니다 어머니! 어머니 사랑해요~."

20014 9월 마지막 날 화요일

어머니의 사진을 보고 서글픈 마음에

비상대책위원장

1997년 11월 외환위기 사태로 국가가 부도 직전의 상태에 봉착했다. 위기를 타개하기 위해 금 모으기 운동도 벌어졌다. 착하기만한 국민들은 금 모으기 행사 대열에 긴 줄을 만들었다. 할아버지 할머니들은 회갑과 칠순을 축하드리면서 자식들이 손가락에 끼워 준 금지환을, 젊은 부부들은 자식들이 건강하고 튼튼하게 잘 자라길 바라며 친지들이 선물한 돌반지까지 들고 집을 나섰다. 착한(?) 나 역시 많지는 않지만 집안의 금붙이를 모두 내어놓고 빈털터리가 된 국민의 한 사람이 되었다.

국가는 위기를 모면했을지언정 국민들은 고통의 신음을 토해냈다. 중견기업도 무너지는 판에 작은 회사는 흔적도 없이 사라졌다. 수많은 실직자들은 퇴직금 한 푼 못 받고 길거리로 내몰렸다. 가장의 실직으로 인한 가족들의 탄식은 하늘을 덮었고 축복받고 태어난 귀한 생명들이 극단적인 선택을 하는 일이 비일비재했다. 매스컴은 희망적인 뉴스를 잠시도 내 보낼 수 없었다. 연일 위태롭고 안타까운 뉴스로 국민들의 마음은 더욱 멍들어만 갔다.

IMF사태가 터진 지 8개월쯤 된 어느 날 밤, 우리 전라도민에게는 청천벽력이 한 번 더 머리 위에 꽂혔다. 지역에서 제법 영업을 잘해 오던 제2금융권인 H투자신탁의 부도 소식이었다. 가난하고 능력 없는 서민들이 적은 돈이지만 한 푼이라도 이자를 더 받아볼 요량으로 맡겨 놓은 투자신탁의 부도 소식에 많은 사람들이 두려움에 잠을 이루질 못했다. 배신감도 상당했다. 얼마 전 모 방송사에서 H투자신탁 회사에 대한 홍보 방송을 내보냈기 때문이다.

H투자신탁 본사는 광주에 있다. 자본이 튼튼하여 장래성이 있고 사장 역시 능력 있는 사람으로 전라도의 발전을 위해 성실히 일하므로 전라도민들이 함께 해주면 전라도의 경제가 많이 나아질 거라는 내용이었다. 귀 얇고 의리 있고 인정 많은 나도 많은 액수는 아니지만 다른 은행에서 H투자신탁으로 옮겨 놓은 지 채 2개월도 되지 않는 상황이었다. 방송의 진실성을 다시금 곱씹는 기회가 되었다. 시청자들을 이렇게 우롱할 수도 있단 말인가. 방송에서는 예금자의 90% 이상이 전라도민이며 서울지점 예금자도 거의 재경 도민이라는 내용도 내보냈다. 애향심을 자극하면서 투자를 간접적으로 부추긴 것이었다.

어떻게 해야 할지 걱정과 후회로 날을 세우고 아침 일찍 거래하는 지점으로 갔다. 역시나 셔터 문은 굳게 내려져 있고 열댓 명

정도의 중장년 남녀들이 셔터 앞에 모여 웅성거리고 있었다. 귀를 기울이니 내가 아는 범위에서 벗어나지 못한 이야기만 되풀이하고 있었다. 이건 아니다 싶어 "여러분, 여기서 이러지 말고 본점 사무실로 갑시다!" 내가 누구인지 의아해 하는 사람들에게 동병상련의 처지를 간략하게 설명했다. 따라오는 사람이 절반 정도였다. 역시 본점도 문이 닫혀 있어 사무실 앞에서 웅성거리고 있기는 마찬가지였다. 분명 안에는 대책을 세우고 있는 직원들이 있을 것이었다. 잠겨있는 비상구를 마구 두드리기 시작했다.

"문 열어요. 문 열어봐요!" 소리를 지르는 나를 본 사람들이 우르르 몰려와 함께 동조했다. 빼꼼히 열린 문틈으로 놀란 어린 여직원이 보인다. 사무실로 내처 들어갔다. 사무실 안에는 젊은 남녀 직원 네댓 명만이 무거운 얼굴을 하고 서 있었다. 고객들에게 왜 언질을 주지 않았느냐고 다잡는 나에게 자신들도 어젯밤에 뉴스를 보고야 알았다고 한다. 맥이 탁 풀린다. 그나저나 저 직원들은 해결할 수 있는 사람들이 아니다. 어찌 보면 우리들보다 더 약자다. 우리의 힘으로 해결해야 한다고 모인 사람들에게 말하고 직원들에게는 대책사무실을 한 칸 마련해 달라고 요구했다.

마침 그 건물 5층이 비어 있으니 그곳을 사용하라는 직원의 말을 듣고 모두 5층으로 올라가자고 소리쳤다. 그 넓은 5층은 순식간에 사람들로 인산인해를 이루었지만 아무 대책도 없이 그저 시골 장터마냥 시끌벅적하기만 했다. 몇 번 큰소리를 질러 의견을 내보았지만 내 목소리는 소음에 묻혀 버리고 만다. 이건 아니다 싶어 직원들에게 당장 메가폰부터 구해주고 전화와 필기도구를 준비해

달라고 했다. 어디서 나왔는지 메가폰이 즉시 전달되었다.

메가폰을 들고 군중들 앞으로 나갔다. 지금 생각하면 어디서 그런 용기가 났는지 아무리 생각해도 잘 모르겠다.

"조용히들 하세요. 자, 그 자리에 앉으세요." 갑자기 들리는 메가폰 소리에 실내는 순간 조용해졌다. "지금 이렇게 우왕좌왕할 때가 아닙니다. 일단 대책위원회를 조직하고 계획을 세워 차근차근 해결해 나가야 하니까 조용히들 하고 바닥에 일단 앉으세요." 이상하게도 사람들이 바닥에 주저앉으며 내 말에 귀를 기울였다.

"물론 이런 일에 경험이 있거나 시간을 할애하여 봉사할 분들로 위원들이 조직 되었으면 좋겠고요. 잘 해결되지 않을 경우에는 집단행동도 해야 할 상황이니 신중하게 생각하고 추천 또는 스스로 나서 주시기 바랍니다." 한마디 막힘없이 어디서 그런 말이 척척 나오는지, 이런 지혜가 어디서 나왔는지 내가 생각해도 참 대견했다. 내 말이 끝나자마자 거의 일제히 "아주머니가 위원장 해 주세요!" "아주머니가 똑똑해서 제일 잘할 것 같습니다!" 살다보니 이런 일도 있구나. 날벼락을 맞은 것이 어젯밤인데 오늘은 이렇게 번갯불에 콩 볶아 먹듯 위원장 감투를 쓰다니. 게다가 칭찬은 덤으로 받고 말이다. 그러나 대표는 할 수 없었다. 내 실체를 밝힐 수가 없는 상황이어서 이 핑계 저 핑계로 빠져 나오려 했지만 사람들도 물러서지 않고 계속 나를 지지했다.

지금은 여름방학 중반, 빨리 마무리 될 것 같지 않은 상황이었다. 개학을 하면 어떻게 해야 하며 또 교육공무원의 신분이 밝혀지면 좋을 리가 없는데도 지금 상황에서는 빠져나올 수 없는 상황이었다. 또한 누구를 믿고 맡길 사람을 발견하지 못했으니 일단 진행하다가 더 잘할 수 있는 사람이 나타나면 인계할 생각으로 사람들의 추천을 받아들였다. 먼저 자천 타천 된 부위원장 1명과 대의원 6명, 감사 2명 등 모두 10명으로 위원회를 구성했다. 이 일도 내 의견이 전부 받아들여져 일사천리로 진행되었다. 느낌이 좋았다.

시간도 많이 지나 점심때를 넘겼고 급하게 나온 사람들은 각자 일을 보러 가고 사무실엔 위원들만 남았다. 무엇을 먼저 해야 할지, 막막했지만 먼저 서로의 신상을 대강 알리고 난 뒤, 내일부터 매일 8시까지 출근하기로 하고 계획적인 일의 방향 및 세부 역할을 나누었다. 정보를 들었는지 조금 후 경찰서에서 형사 한 분이 파견되어 왔고 투자회사의 직원들도 협조를 잘 해주어서 일은 순조롭게 진행되어 갔다. 하지만 많은 피해자들의 기대와 희망을 생각하지 않을 수 없던 나의 부담은 커져만 갔다.

다음날, 모여든 피해자들에게 9시부터 전날 있었던 회의 결과보고를 시작으로 위원장 임무를 수행했다. 오늘 할 일, 내일 일정, 그리고 앞으로 함께 해야 할 일까지 자세히 안내하는 일도 내 몫이었다. 그것도 모자라 할머니들은 나의 옷깃을 잡고 돌아가는 사정을 물어보고 또 물어봤다. 손자를 봐주고 조금씩 받은 돈을 모두 넣어 놨다, 아들 수술비다, 전 재산이다. 등등 모두들 딱한 사정을 듣고 있자니 가슴이 먹먹하다. 시골에서 오셨다는 한 할아버지께서는 거친 손으로 빵을 건네며 격려를 해주시기도 했다.

시간이 지날수록 언론이 많이 모여들었다. 방송사와 신문사의 카메라를 피해야하는 부담과 인터뷰 요청을 거절하느라 진땀을 빼기도 했다. 길거리 투쟁은 빠질 수가 없었다. 난생처음 해보는 길거리 시위였다. 그 과정이 결코 쉽지만은 않았다. 참석인원, 행진대열, 행진코스, 소요시간, 사용할 구호까지 미리 정해서 그것도 3일 전에 경찰청에 신고해야 했다.

"아주머니는 말하는 것 보니 당할 사람이 아닌 것 같은데 왜 당했소?" 집회 신고를 하러 간 경찰서에서 모욕당하는 일까지 위원장에게 쉬운 일은 하나도 없었다. 직업은 못 속인다고 구호를 외치는 연습을 가르치다가 운동회 연습이라는 단어가 튀어 나와 스스로 깜짝 놀라기도 했고, 길거리 모임에 많이 나오라는 당부도, 시위대열의 앞과 뒤를 왔다 갔다 하며 대열을 정비하는 것도 내 몫이었다. 내 신분을 알려는 경찰관의 질문은 갈수록 집요해져 갔다. 조금이라도 도움을 받을까 싶어 경찰청장과 도지사도 면담했는데 말 한마디로 천 냥 빚을 갚는다는 이치도 모르는 어리석은 도지사는 우리 위원들을 격분하게 만들기도 했다. 두 번의 거리 시위는 많은 사람들의 참여로 성공적이었다. 회사직원들은 삭발까지 하고 한마음으로 동참해주었다.

대책위원회 일은 한창 진행 중인데 개학을 맞게 되었다. 피해자들은 하루 종일 위원들과 함께했다. 혹시나 하는 희망과 궁금하고 불안해서 자리를 뜨지 못하겠다는 것이다. 애원하는 눈빛으로 나를 보는 분들에게 개인 사정으로 오후 늦게 나오게 된다고 말하니 안 된다며 소리를 높였다.

개학하고 만난 우리 반 아이들은 인사 대신 "선생님, 데모하는

데서 선생님 봤어요." "도청에서 도지사와 선생님이 얘기하는 것 우리 엄마가 TV에서 봤대요." 난리가 났다. "아냐, 너희들이 잘못 본 거야. 선생님 아냐." "아니에요, 우리 엄마가 선생님 맞다고 두 번이나 말했는 걸요." 비밀이란 있을 수 없는 것이 또한 세상 이치였다.

퇴근 후에 들른 나를 보고 피해자들의 박수와 환성이 터져 나오며 왜 이제야 왔냐고 난리들이다. 파견 형사는 "이런 데서 박수 받는 사람은 누님밖에 못 보았네."라며 의미를 알 수 없는 웃음을 피식 흘린다. 이 많은 사람들이 나를 의지하고 있다니…. 지금까지 내 인생에서 이런 일이 언제 또 있었던가. 아니 상상이라도 한 적이 있던가.

진실과 열정이 통했기 때문인가. 진실한 마음과 많은 노력을 아시고 하나님이 도움의 손길을 뻗어주셨는지 일이 거의 한 달 만에 잘 해결되었다.

환불 장소와 날짜가 정해졌다. 혹시 돈이 모자라 자신이 못 받을까봐 웅성거렸지만 번호표를 받고 기다리라는 내 말에 사람들이 조용해짐을 보고 감사하고 또 감사했다. 거칠고 야윈 두 손으로 내 손을 쓰다듬으며 고맙다고 연신 감사를 표현하는 할머니 할아버지들을 보고 위원장 일을 맡기를 잘했다고 생각했다.

모두들 땀 흘려 번 돈을 잘 받아 갔으리라. 마무리가 잘되었으리라 생각한 마지막 날 오후에 대책 위원회 감사 한 명으로부터 다급한 전화를 받았다. "선생님, 좀 오셔야겠어요." "왜요?" "대책위원회 결산을 하는데 맞지가 않아요!" 당연히 안 맞겠지. 내 말을

•• 사람들에게 많은 도움을 주는 큰 나무의 삶

듣지 않은 위원들을 미워하는 마음이 앞섰지만 순박한 피해자들의 얼굴이 떠올랐다.

강당에 남아있는 피해자들은 나처럼 정확하고 분명함을 추구하는 정직한 사람들일 수도 있다. 선입견을 가질 필요는 없었다. 나를 보자 웅성거리던 사람들이 또 박수를 치며 조용히 자리에 앉았다. 내 말이 아니면 믿을 수가 없다며 계속 위원장을 찾았다고 한다. 보잘 것 없는 나를 찾다니 가슴이 뭉클해졌다.

메가폰을 잡고 다시 앞에 섰다. 흥분한 대중 앞에서는 사과부터 하는 것이 맞다. 아무리 논리적인 말도 통하지 않는 법이었다.

"추진비로 모아주신 돈을 정확히 사용하지 못한 점 죄송하게 생각합니다. 그런데 우리 대책위원들이 이런 일을 해 본 분들이 거의 없는데도 이렇게 일이 잘 해결되어서 얼마나 다행인지 모르겠습니다. 그동안 우리 모두 얼마나 애타고 힘들었습니까? 사실 저도 많이 고민했었습니다. 봉사하는 자세로 애써주신 위원들께 감사와 칭찬의 의미로 너그럽게 이해해주시면 고맙겠습니다. 감사분들도 여러분과 같은 피해자로서, 경황없는 상태에서 지출과 수입을 맞추는 일을 했습니다. 이 정도의 차액은 비교적 잘한 것이라고 생각합니다. 어차피 차액을 피해자 모두에게 나눠 줄 수는 없습니다. 정확한 연락처도 없어서 일일이 찾아주기도 어렵고, 처음부터 많은 돈도 아니었고 나누어 주기에도 너무 적은 액수가 남았기 때문입니다. 그래서 남은 돈은 우리보다 더 어려운 사람들을 위해 기부하는 게 어떨까 합니다. 오늘 바로 신문사에 기부하고 영수증을 사무실 앞에 붙여 놓을 테니 저를 믿으시고, 기분도 좋으니 이

정도에서 마무리하심이 어떨까요."

내가 말을 마치자 사람들은 힘찬 박수로 동의했다. 내 의견에 단 한 사람도 이의제기 없이 만장일치로 통과시켜 주었다. "감사합니다, 행복하세요!" 마지막 인사를 힘차게 마치는 내 손을 잡고 그동안 애썼다고 따뜻한 인사를 해주시는 분들이 앞을 다퉜다. 사람들이 다 돌아가고 우리 위원들에게 따끔하게 한마디 해주었다. "내가 뭐라고 했어요. 한 푼이라도 정확하게 하자고 했잖아요!" 아무도 말이 없다. 지출내역이 합당하지 않은 부분과 지출하고 정확하게 기입하지 않는 것이 문제라고 여러 번 지적했건만, 안타까운 일이었다. 어쨌든 한명의 의견을 다수가 받아들이지 않아 생기는 이런 경우는 우리 사회에서도 얼마든지 볼 수 있는 상황이었다.

평소 정확하고 직선적인 언행을 하는 나를 보고 주위에서는 정치에 나가보라고 권유하기도 한다. 물론 농담이겠지만 부러질지라도 구부러질 줄 모르는 내 성격을 받아줄 정치판은 없을 것이고 나 역시 타협할 줄 모르는 내 성격을 잘 알기에 웃음으로 넘기고는 한다.

실컷 애쓰고도 결국 양해를 구한 모양새가 아쉽다. 깨끗한 마무리가 되지 못해 씁쓸한 기분이다. 그렇지만 밝은 표정으로 돌아간 피해자들의 활짝 웃던 얼굴을 떠올리며 마음을 가라앉힌다. 그리고 나 자신에게 칭찬과 격려를 보낸다. 앞으로 내 인생에서 다시는 겪고 싶지 않은 두 달의 기억이었다. '비대위원장. 수고 많았어! 그리고 잘해냈어. 암 그렇고말고, 내가 누군데…'

1998년 9월1일 화요일

바른 사회 바른 정치 바른 나라를 생각하며

시집오는 날

— 며느리 유지희에게 보내는 편지

신혼여행 어땠어? 누가 우리 장남 색시가 될까, 오랜 시간 엄마, 아빠는 물론이고 친척들과 많은 지인들이 관심을 갖고 기대했었는데 그게 바로 지희였구나!

우리 며느리가 되어 주어서 기쁘다. 그리고 사랑한다.

엄마가 좀 무뚝뚝한 성격이라 말로는 표현을 못해 이렇게 편지를 쓰고 있단다.

무엇보다 너희 둘 행복하기만을 바란다. 그리고 지희가 태훈이와 서로 사랑하면서 하나뿐인 시동생도 좋아하고 엄마 아빠와 함께하면서 행복하게 살아가기를 바랄뿐이지.

사랑 받는 일도 행복하지만 남을 사랑하는 게 더 행복한 거라고 하던데, 사랑할 사람이 없다는 건 쓸쓸하고 외롭고 불행한 거겠지. 사랑이란 오래 참고, 온유하고 등등. 거기에 엄마는 배려와 이해가 더 들어가야 한다고 생각한다.

지희야!

넌 참한 외모에 성격도 좋은 데다 공부도 잘해서 의사가 되었고, 그래서 많은 사람들의 관심과 사랑만 받고 살았을 테니 복잡한 일이 없었을 거라고 생각한다.

그런데 30년을 넘게 서로 다른 환경에서 살아 온 두 사람이 이제부터 다른 가정의 풍습을 접하면서 새로운 가족을 마음으로 받아들이고 같은 생각으로 같은 생활을 하기가 쉽지는 않을 거야.

사랑하니까 결혼해서 부부가 되었으니 가정이라는 테두리 안에서는 그 어느 것도 수용할 수 있어야 하고 가족을 이해하고 배려하며, 남편을 존경하는 마음으로 살아간다면 아내인 지희는 남편과 가족들로부터 사랑을 듬뿍 받고 더 행복하지 않을까 싶다.

엄마는 내 아들이라서가 아니라 태훈이는 또래들보다 훨씬 더 어른스럽고 세상을 보는 눈이 트였다고 생각한단다. 거기에 리더로 서기를 원하고 완벽해지려는 면도 있다. 물론 자식은 세상에서 제일 훌륭하게 키우려는 계획까지도 가지고 있을 거다.

멋진 남자 아니니! 태훈이가 이런 남자가 되려면 지희의 내조가 많이 필요할 거야. 훌륭한 내조로 이런 남편이 된다면 지희는 더 바랄 것 없는 세상에서 제일 행복한 아내가 된다고 생각하는데 네 생각은 어떠니. 물론 태훈이도 집안일부터 양육까지 외조를 잘해 줄거야. 그건 엄마가 장담한다.

엄마 말 잘 생각해보고 현명하게 살도록 해라. 여자가 결혼을 하면 너무나 힘이 드는 거 엄마는 누구보다도 더 잘 알고 있단다.

•• 지희가 우리 며느리가 되는 기쁜 날

이제껏 편하게만 살아온 지희가 1인 5역을 해야 한다는 것 알지? 지혜로운 아내로, 예쁘고 착한 며느리로(딸 노릇은 본래 잘 해 왔으니까) 따뜻한 형수로, 현명한 엄마로, 기쁨을 주는 명의로, 그 어느 일 한 가지도 쉬운 일이 없겠구나.

너희들이 내 곁에서 산다면 우리 태훈이 건사하듯이 아니 그보다도 더 열심히 너희들을 도와줄 수 있다고 자신하는데, 생활터전이 멀리 떨어져 있어서 그 면에 대해서는 나도 무척 안타까워하지만 어쩔 수가 없구나.

가장 중요한 것 남편과의 생활이라는 걸 명심해라. 서로 배려하고 이해하고 사랑하고 그래서 행복한 모습이 너의 얼굴에서 흘러

넘치길 엄마 아빠는 바랄뿐이다. 태훈이가 흠 잡을 곳이 없는 아들이라고 생각하지만 그건 이 엄마의 생각일 뿐, 앞으로 지희 눈에는 많은 결점이 보일 거야. 그럴수록 이해하고 감싸 안아줘야 남편이 성공하고 남편이 성공해야 행복한 아내가 된다는 걸 잊지 말고. 그 뒤엔 자연히 훌륭한 가정이 이루어지겠지.

딸이 없어 더욱 우리 집의 분위기 메이커가 되어야 할 지희야! 시어머니가 며느리에게 처음으로 쓰는 편지가 너무 부담스럽고 딱딱하지? 그런데 너와 우리 가족 사이에 비밀이 없고 뭐든지 허심탄회하게 마음을 열수 있는 딸 같은 며느리가 되면 다 해결되는 일들이야. 물론 너의 부담을 덜어줄 부탁의 말이 태훈이에게도 따로 있단다.

물론 엄마 아빠도 그렇게 되도록 노력할 것이니까, 너무 어려워하지 말고 또한 며느리의 도리를 다하면서 편안하게 생각되는 시댁이 되었으면 한다.

사회에 헌신할 수 있는 직장이 있고, 나를 찾는 사람들이 있음을 감사하며 살자. 큰 꿈을 가지고 자신 있게 살아라.

너희들 뒤에는 엄마 아빠가 항상 버팀목이 되어 줄 준비가 되어 있음을 잊지 말고, 힘들고 어쩐지 생각이 풀리지 않을 때는 이 글을 읽어 보아라.

이 아름다운 가을에 멋지고 산뜻하고 행복하게 제 2의 인생을 출발하는 지희, 태훈이 파이팅!

2010년 9월 18일 토요일

신혼여행에서 돌아 올 지희의 가을하늘처럼 맑은 눈을 생각하며

복덩이 남편

결혼하기엔 너무 이른 나이였던가, 아니면 철이 덜 들었던 것일까. 석 달 전에 약속해 놓은 약혼식을 하루 앞둔 날 저녁 과감하게 약혼을 파기하면서 나는 어떤 핑계를 댔던가.

서로 다른 환경에서 자유롭게 살다가 하나로 합친다는 것이 아직은 부담스러웠을 우리는 생각할 시간을 더 가져 보자고만 합의를 했다. 그 후 6개월을 서로에 대해 더 알아 갔고 다시 약혼을 했으며 정해진 인연에서 벗어나지 않았는지 결국 부부의 연을 맺었다.

첫 번째 약혼식 날은 크리스마스였다. 두 번째는 현충일이었다. 약혼식도 특별한 날만 잡은 걸 보면 우리 부부는 어쩐지 출발부터 남달랐다. 어찌 되었든 나는 이런 연유로 인해 분홍색 약혼 예복을 겨울, 여름 두 벌이나 부모님께 얻어 입었다.

늦더위가 채 가시지 않은 1977년 9월 1일 목요일, 그 당시 잘 나가던 신혼예식장에서 결혼식을 올렸다. 지금처럼 냉방이 잘 되지 않던 시절, 신랑은 예복을 입고 더워서 땀을 뻘뻘 흘리고 신부는 긴장과 부끄러움에 땀을 뻘뻘 흘리면서 새로운 길을 출발했었다.

남편은 건설회사에 근무하는 탓에 전국 방방곡곡으로 돌아다녔고 나도 아이의 양육문제로 친정에서 더부살이를 했다. 우여곡절 끝에 결혼한 부부답게 특별한 신혼시절을 보냈다.

주말부부도 꺼려하는 요즘 세태에 비하면 우리 부부는 참 바보처럼 살았다. 가끔씩은 2주일에 한 번, 보통은 한 달에 한 번 친정집 문간방을 오작교 삼아 만났다. 심산유곡에 댐을 만든다거나 허허벌판에 큰 공장을 짓는 일에 남편은 큰 보람을 가지고 있었다.

•• 평생의 동반자인 남편과 함께

그런 남편을 나는 묵묵히 내조할 뿐이었고 아내와 교직과 양육이란 1인 3역을 별 불만 없이 해냈다. 물론 친정 부모님과 동생들의 도움이 아니었으면 해내지 못했을 것이라 지금도 고마움이 가슴 가득하다.

큰아이가 유치원에 들어가면서 친정에서 나와 우리 가족의 집을 짓고 살게 되었다. 결혼 후 7년 만의 늦은 분가도 온전한 것은 아니었으니 친정아버지께서 바깥일을 도와주시고 아이들 방과 후 보살핌을 맡아 주셔서 가능한 일이었다.

큰 아들이 고등학생이 되어서 이른 등굣길과 늦은 귀가도 나 혼자 감당하는데 정말 신산스런 시절이었다. 그러나 공부로 힘들어 하는 아들들에게 어미가 어찌 힘들다고 내색할 수 있겠는가. 또 타국에서 악전고투하는 남편에게 투정부릴 수 있는 한국의 아내는 없을 터였다. 보고 싶을 때, 옆에 있어 줘야 할 때, 같이하지 못하는 남편 마음은 오죽하겠는가.

추운 겨울 퇴근하고 집에 돌아오면 몸이 확 풀리면서 나른해져서 꼼짝도 하기 싫은 날이 대부분이다. 그래도 무슨 힘인지 늦은 밤 큰 아들을 태우고 돌아오는 차 안에서는 모자간에 서로 하루의 일과를 보고하면서 즐겁기만 했다. 피곤하고 힘들었어도 그때가 좋았다.

우리 부부는 성격이나 취미가 안 맞아도 너무 안 맞는다. 남편은 부지런한 성격에 혼자 몰입하는 운동을 좋아한다. 내성적인지라 사람과 교제하는 것을 좋아하지 않고 남에게 불편이라도 주는 일에는 알레르기 반응을 보일 정도다.

반면 나는 운동을 무척 싫어한다. 남들과 어울리기를 좋아하며 앞서서 일하는 것을 좋아했다. 무슨 일이든지 도전하는 일에 겁이 없었고 해보고 안 되면 옆에서 구경이라도 해야 직성이 풀리는 성격이다. 하룻밤이면 기와집을 몇십 채씩 지었다 부쉈다 하며 궁리와 계획을 짜느라 고생을 사서 하는 성격이다.

어떤 사람은 나를 보고 세 번이나 놀랐다고 한다. 가까이 지내보니 의외로 부지런하고, 의리 있고, 인정도 많다며…. 자화자찬 같아 부끄러울 뿐이다. 그렇지만 강한 외모 탓에 오해를 많이 받기도 해서 억울할 때가 많다.

젊어서는 남편이 좋아하는 것을 같이 하려고 노력했다. 특히 운동은 건강에 손해 날 것이 없을 것 같아서 함께 했다. 가정의 화목도 좋아지고 건강도 좋아지는 일거양득이었다. 나이가 들면서는 남편이 내가 좋아하는 쪽으로 따라 주고 있다. 유기농 먹거리로 건강을 챙기려는 나의 뜻에 맞추어 농부의 삶을 순순히 받아들였다.

농사일은 남편의 도움과 협조 없이는 꿈도 못 꿀 일이다. 본래 부지런한 성격이라서 가만히 있지 못하는 성격이기도 하지만 지금까지 살아보니 내가 추진하는 일이 비교적 싫지는 않았나보다. 겉으로 크게 좋아하는 것 같진 않지만 지금껏 잘 도와주고 있다.

전업 농부는 아니지만 땀과 노력을 쏟은 만큼 실리를 따지지 않을 수가 없다. 남편이 가끔 고집을 부리지만 큰 손해를 보거나 한 해 농사를 실패할 정도로 막무가내로 우기지는 않는다. 최종 결정은 내 의견을 받아 준다.

돌아가신 시어머니께서는 결혼한 지 얼마 안 된 어느 날, 문득 나에게 한마디를 던지셨다. 철학관에서 들었다면서 하시는 말씀. "우리 아들은 복이 머리끝에서 발끝까지 꽉 찬 사주이고 너는 우리 아들 머리끝에서 흘러내리는 복을 긁어모으기만 하면 잘 살게 되는 팔자란다."

'사주? 팔자? 내가 뭐 남편이 흘리는 복이나 구걸하게 될 거라고. 그럼 내가 내버려두면 그 복은 다 소용없는 것이 되고 만다는 거야 뭐야.' 그때, 나는 힘써 일하고 남편은 그저 편히 산단 말로 들려 심사가 뒤틀렸었다. 부부가 일심동체로 합력하여 복을 만들어라, 라는 정도였으면 어느 정도 수긍은 했겠지만 갓 시집온 며느리 앞에서 어찌나 당당하게 말씀하시는지 황당했었다.

그러나 어쩌랴 참고 살 수 밖엔 없었다. 어찌 됐건 남편은 지금까지 큰 근심 없이 건강하게 잘 살고 있는 걸 보면 시어머님의 말씀도 맞긴 맞나보다. 가끔은 이런 말을 남편에게 해본다.

"당신은 젊어서는 돈 좀 번다고 혼자 편하게 잘 지내다가 이제 자식 다 키워 놓으니 편히 들어앉아 앞으로는 자식 덕 보며 잘 살게 되었으니 누구 덕이오?" 하면 조금의 망설임도 없이 "다 내 복이지."란다. 할 말이 없다. 그 어머니에 그 아들이다.

고생하지 않고 사는 것이 복이지, 복이 많아서 고생을 하지 않는 것이 아닌가도 싶다. 그렇지만 조금은 섭섭하다. '내 복은 전부 아내의 덕입니다!'라는 말 한 마디가 그렇게도 안 나오나?

가끔은 남편이 우렁이 각시처럼 생각될 때도 있다. 숨어서 어려운 일 다 해결해주는 우렁이 각시처럼 내 옆에서 농사일도 잘 도와주고 내가 못하는 일도 척척 잘 해결해주니까.

시간이 갈수록 남편의 일이 많아지고 있다. 젊었을 때의 내 일이 한 가지씩 남편에게로 옮겨 가고 있다. 하나의 임무가 더 붙기는 했다. 내가 제일 좋아하는 농사일까지 남편의 고생이 이만저만이 아닐 것이다.

•• 고구마를 수확하는 남편

올 가을에는 열 머슴이 할 일을 남편 혼자 힘들여 수확을 했다. 그렇게 걷어 들인 농산물을 이 사람 저 사람 나눠주다 보니 우리 먹을 것이 부족했다. 내가 한 일이지만 아차 싶어서 절로 탄식이 새어나왔다. “아이고, 다 나눠주고 나니 우리 먹을 게 없네!” “누가 그 말 곧이듣겠어?” 애써 거둔 것을 다 퍼 주었다고 짜증을 내기는 커녕, 욕심이 많다고 자주 오해받는 아내를 먼저 걱정해 주는 남편의 말이 고맙기까지 했다. 퍼주는 내 인정이 사람들에게 좋게만 보였으면 그만이다고 생각하는 천사표 남편이다.

그런 남편이 요즘 허리통증에 방사통까지 도져 걱정이 된다. 손에 익지 않은 농사일을 할아버지 될 나이에 시작해서 얻은 병이기에 많이 미안하다. 작년에 여러 사람과 나눠 먹을 요량으로 너무 욕심을 부려 고구마 수확일이 많았었다. 두 아들까지 도왔지만 자식들에게 일을 미룰 남편이 아니었다. 그 무거운 고구마 자루를 메고 옮기다 허리를 삐끗한 뒤로 병원 신세를 지고 있지만 호전이 되지 않는다. 통증이 심해 끙끙 앓고 있는 남편에게 내가 위로라도 해주려고 농담을 툭 던진다.

“당신 허리 아픈 것보다 내년에 농사 못 지을까 봐 더 걱정이요.” 남편은 속을 어디다 빼 놓았는지 무심히 나를 돌아다보며 “나도 그게 걱정이 되네.” 미안함과 고마움이 동시에 몰려오며 얼굴이 화끈거린다. ‘맞네, 내 옆에서 힘들고 어려운 일 조용히 도와주는 우렁이 남편, 그리고 걱정 없이 편안하게 살아가는 복덩이 남편!’

2013년 12월 20일 금요일

남편의 건강을 걱정하는 아내가

민준아 도엽아

눈에 넣어도 아프지 않을
금쪽같은 내 새끼들
민준아! 도엽아!

말썽을 부려도 그저 예쁘고
울보에 떼쟁이여도 사랑스럽기만 한
우리 새끼들

애교스런 눈웃음과 잘생긴 얼굴로
이제 막 한마디씩 말을 배우면서
아니야~ 싫다고요~
부정을 강하게 어필하는 민준이를 보며

•• 사랑스러운 도엽이

•• 귀여운 민준이

•• 도엽이 첫 생일날 민준이, 도엽이

할아버지는
사랑 가득한 너털웃음으로
행복해서 어쩔 줄 모르고

듬직한 장군 자태에 넘치는 귀여움까지
보고 있어도 보고 싶은 우리 도엽이
살짝 들어간 보조개로 함박 웃음 웃어주면
할머니는 너의 웃음에 빨려 들어간다
사랑해 도엽아!

건강하고 지혜롭게 자라서
사랑하며 사랑받는 행복한 사람이 되어라
배려하고 베푸는 아름다운 사람이 되어라
세상을 품에 안은 멋진 사람이 되어라

할머니는 항상 기도한다
우리 주님이 항상 너희와 함께하시길
기도하고, 기도한다
하나님의 말씀과 사랑으로 쑤욱쑤욱~ 커나가길
오늘밤도 기도한다.

2014년 8월 20일 수요일
민준이, 도엽이를 엄청 사랑하는 할머니가

04

아이들은

아이들은

기특하다
머리를 쓰다듬어 주면
빙그레 입가에 웃음이 돌고

착하다고
도닥도닥 등을 다독거려주면
두 눈은 총총 빛이 나고

예쁘다고
꼬옥 껴안아 주면
어느 새 품속으로 들어오지요

딴짓한다
주의를 주면
깜짝 놀라 두 눈은 토끼 눈이 되고

잘못했다
꾸중하면
금방 두 눈에 눈물이 고여요

그러나 그것도 저것도
모두 다 잠깐,
모두 다 순간일 뿐
아이들은 어느새 제 모습으로 돌아가지요.

2000년 5월 29일 월요일
천진하기만 한 1학년들을 바라보며

선생님 품을 떠나는 너희들에게

우리 학교 뒷동산의 단풍이 아름답게 물든 걸 보니 사랑했던 너희들을 선생님 품에서 떠나보낼 때가 되었나보구나.

초롱초롱한 눈을 가져 사랑스럽고, 친구를 배려하며 사이좋게 지내는 아름다운 마음을 가진 너희들, 지혜롭고 활발해서 공부도 잘하고 행복하게 지내는 우리 친구들.

얘들아! 올 한 해 선생님과의 생활이 어땠어? 선생님은 많이 아쉬워 너희들을 가슴에 남기고 싶어 하는데 너희들은 그저 씩씩하기만 하구나. 왜 숙제를 안 했어? 일기를 또 안 썼어? 교실에서 조용히 해야지? 글씨는 바르고 예쁘게 써야해. 생각해 보니 정말 선생님이 너희들을 성가시게 했나보구나.

아유, 누가 이렇게 착한 일을 했어! 그림을 참 잘 그렸네! 발표도 잘하는구나! 청소를 아주 잘했어! 책을 아주 조용히 잘 읽네, 등등 칭찬도 많이 했지. 그래 모두 너희들이 훌륭히 잘 되라고 선

•• 칠보 원자력 수력발전소 현장학습에서

생님은 꾸중도 칭찬도 많이 했단다.

이제 벌써 3학년이 되는구나. 선생님 생각으론 너희들은 3학년이 되면 지금보다 더 잘할 거라고 믿어. 그래서 선생님은 혼자 웃고 있단다.

2학년 1반 어린이들아! 우리 초등학교가 얼마나 아름답고 좋은 학교인지, 그리고 모든 선생님들이 너희들을 얼마나 사랑해주셨는지 어른이 되면 잘 알게 되고 그리울 거야.

더욱 즐겁고 보람 있는 학교생활을 하자. 장차 내가 하고 싶은 일을 하는 훌륭한 사람이 되어 정말 행복한 시간을 만드는 사람이 되어라. 그러기 위해서 오늘도 자기가 할 일을 충실히 하도록 하자.

선생님은 너희들을 언제나 열심히 응원할 거야.

2011년 11월 17일 목요일

가을이 짙게 내려앉은 어느 날 너희들을 사랑하는 담임선생님이

1학년 5반 여러분 착하고 예쁜

동화 속에서나 볼 수 있는 예쁜 얼굴들이 엄마, 아빠 손을 잡고 두리번거리며 교실에 처음 들어왔을 때 선생님은 여러분들을 보고 마냥 웃었지요. 왜냐구요? 너무너무 예뻐서였어요. 설레는 기대와 큰 꿈을 품고 시작한 1학년이 얼마 되지 않은 것 같은데 벌써 일 년이 다 지나갔네요. 잠을 설쳐가며 기다렸던 학교행사들과 과학동산, 가을생물들을 관찰하기 위해 나갔던 전주 천변, 배우고 익힌 재주와 끼를 마음껏 자랑했던 서일 꿈잔치에서의 공연, 우리 가락 솜씨가 너무 좋다고 찬조출연 제의를 받고 도청 대강당과 호텔연회장에서 아주 예쁘고 자신 있게 공연을 한 일 등등 모두가 즐거웠던 일이지요.

이런 예쁜 추억을 안고 이제 2학년이 됩니다. 정든 친구들과 헤어지는 것이 조금은 아쉽기도 하겠지만 또 좋은 친구들, 새로운

•• 예쁜 소리꾼들(2006년 10월 26일 전주서일초등학교 학예발표회)

선생님을 만나게 되는 기쁨이 기다리고 있답니다. 그러면서 우리 친구들은 더 자라고 점점 훌륭한 사람이 되어가는 거겠지요.

1학년 5반 어린이 여러분!

선생님이 항상 말했듯이 여러분은 꿈꾸는 것을 무엇이든 다 이룰 수 있는 능력을 가지고 있습니다. 목표를 세우고 열심히 달려가면 반드시 그 꿈을 이룰 수가 있답니다. 좋으신 부모님, 훌륭하신 선생님들의 가르침을 바르게 배우고 익히면 모두 훌륭한 사람이 될 것입니다.

여러분은 뜨는 해와 같으니까요.

꿈 많고 가능성이 많은 여러분은 앞으로 기쁜 일도 많고 행복한 시간도 많을 겁니다. 1학년을 잘 마치고 2학년이 됨을 축하합니다. 항상 건강한 몸과 즐겁고 행복한 생활이 여러분과 함께하길 선생님은 바랄게요.

사랑하는 우리 5반 어린이들은 영원히 빛날 것입니다.

2005년 12월 5일 월요일
여러분을 많이 사랑하는 선생님이

밝고 맑은 2학년 4반 어린이들아

맑고도 새까만 눈을 동그랗게 뜨고 새 교실에서 새 친구들과 함께 얌전히 앉아 새 선생님을 기다리고 앉아 있던 1999년 3월 2일 아침.

선생님이 교실로 들어서자 너희들의 표정이 다양하게 변하던 일이 새삼 생각나는구나. 새로운 생활이 시작되었지만 영특하고 귀여운 너희들은 새로운 환경에 척척 적응해 가며 공부도 열심히 잘 했고 규칙도 잘 지키면서 즐거운 학교생활을 시작했었단다. 그런데 하루 이틀, 시간이 지나면서 약속을 지키지 않는 친구, 숙제를 해오지 않는 친구들이 점점 생기기 시작했었지. 그래서 선생님은 너희들에게 이렇게 말했었지.

"선생님은 순한 토끼가 되기도 하고 무서운 호랑이가 되기도 해요." 똑똑한 너희들은 쉽게 알아들었지. 생각해 볼까? 선생님은 그동안 너희들에게 토끼와 호랑이 중 어느 때가 더 많았었니? 그건 자기들의 행동과 마음에 따라 각자 다르게 생각될 거야. 너희들이 2학년 동안 어떻게 지내왔는지 한 번 생각해 보렴. 누구든지 해야 할 일을 스스로 잘할 때 다른 사람들로부터 많은 사랑을 받고, 그 사랑 속에서 몸과 마음이 자라게 되는 거야. 따뜻한 사랑을 주고받는 아름다운 행동을 하는 사람이 되자.

올 한 해 너희들에게 더 많은 사랑을 주지 못한 점 선생님도 아쉽구나. 지금 선생님은 너희들이 모두 집으로 돌아간 조용한 교실에 앉아 이 편지를 쓰고 있어. 너희들이 시끌벅적 재미나게 지낸 잔상이 그대로 남아 선생님의 귀에 목소리가 계속 들려오고 얼굴

•• 남원 광한루 현장체험학습에서

도 차례차례 떠오르는구나.

이제 3학년이 되면 2학년 때보다 자신과의 약속을 더 잘 지키는 어린이, 행동이 바르고 생각이 지혜로운 어린이가 되도록 하자. 그래야 가정과 나라의 튼튼한 기둥이 될 수 있는 거야.

착하고 예쁜 2학년 4반 어린이들아! 선생님은 너희들을 무척 사랑했단다. 그리고 앞으로도 계속 사랑할 거야.

1999년 12월 15일 수요일

아쉽고도 감사한 한 해를 마무리하며

아들에게 보내는 편지

이 글은 제가 학창시절 가장 힘든 시기를 보내고 있을 때
사랑하는 어머니께서 용기를 북돋아주기 위해 보내주신 편지입니다.

아들! 힘들지?

요즘 들어 무척이나 힘들어 하는 너를 안타깝게 지켜보면서 사랑스럽고 씩씩하게 자라던 너의 어린 시절의 뿌듯함과 그리움에 몇 자 적어보는데 아들에게 힘이 될지 모르겠네.

유난히도 배가 불러 혹시 쌍둥이가 아닐까 의심을 할 정도였는데 낳고 보니 의외로 3kg밖에 되지 않았다. 작게 낳아 크게 키워야 한다는 말도 있지만 그래도 욕심 같아서는 크게 낳아 크게 키우고 싶었는데 엄마가 직장일이 힘들었나 싶기도 했었다.

네 또래 다른 아기들은 우유를 200cc를 먹고도 더 먹고 싶어 한다는데 넌 언제나 70cc 이상을 먹지 않아 엄마를 애타게 했었지. 잠은 잘 잤고 놀기도 잘하고 까다롭지 않고 순하게 잘 자라 주었다.

영아기 때부터 눈매가 예사롭지 않아 영리할 것 같다고 집안 어른들은 말씀을 하시곤 했지. 지능을 개발시키고 조기 교육을 시킨다고 백일도 안 된 너를 동물원, 놀이터, 공원 등 많이도 안고 다녔는데…. 천재교육이라는 책을 보면서 네가 놀랄 만한 생각을 내놓을 땐 엄마는 깜짝깜짝 놀랐었다. 넌 특히 기억력이 좋았던 것 같았다.

한두 살 때 나들이를 나가면 사진은 어찌 그리도 찍으려고 하고 또 폼은 왜 그리 자연스럽고 멋지게 잘 취하는지 사진발도 잘 받아서 무척 귀엽고 예뻤지. 고슴도치도 제 자식 사랑이 있듯이 엄마도 고슴도치 사랑인가.

동네에서 꼬마들과 어울려 놀 때도 넌 언제나 두세 살 위의 형들하고만 놀다보니 활동 반경이 나이에 비해 넓어서 가지 않는 곳이 없었단다. 큰 형들을 따라다니다 보니까 길을 곧잘 잃어버렸었지. 힘도 부족했을 것이고 다리도 아프고 보폭이 좁아서였겠지. 할아버지, 할머니, 막내삼촌, 이모들은 너를 찾아 헤매기 일쑤였고 파출소와 동사무소 방송도 여러 번 탔었단다.

시골에서 고구마를 팔러 온 소달구지를 따라 어디까지 간 적도 있었고 연막소독차 뒤를 따라 온 동네를 뛰어 다녔으며, 먼 거리에 있는 소방서까지 가서 소방차 밑에서 노는 너를 발견하고 소방관 아저씨들이 깜짝 놀랐다는 일, 아파트 지하상가 책 창고에 혼자 들어가 노느라고 해가 지는 줄도 모르고 돌아오지 않아 온 식구들을 걱정 속에 빠뜨린 일 등 무척이나 활동파였단다.

그런데 자라면서는 우리 집의 핏줄을 확인이나 해주려는 듯 점점 내성적인 성격으로 변해가기 시작해서 걱정도 많이 했었지.

아들아, 너에게 미안한 일이 있어. 따뜻하게 키운다고 너무 감싸 키워서 감기를 자주 앓아 사흘이 멀다 하고 병원을 자주 다녔고, 친구들과 사이좋게 지내라고 과자를 너무 많이 사주다보니 충치가 많이 생겼고, 충치로 고통 받지 않게 하려고 일찍 발치를 한 탓에 덧니가 되었나 싶어서 되돌릴 수 없는 엄마의 어리석음에 후회를 아무리 해도 소용없는 잘못이기에 너에게 정말로 미안하다. 최고로 키워보겠다는 엄마의 과잉욕심으로 오히려 너의 건강을 해친 것 같아서 마음이 많이 아프단다.

초등학교에 다닐 때 공부도 제법 잘했지만 여러 학원을 다니게 했는데도 꾀를 부리지 않고 잘 적응하고 열심히 하는 것 같아 고맙기도 했다. 운동에 취미와 소질이 있어 친구관계도 원만했고…. 순하고 마음이 여려서 극적인 상황에서는 양보하는 일이 많았고 남하고 싸우며 시시비비 가리는 걸 무척이나 싫어한 착한 너였단다.

본가와 외가의 첫 번째 손자로 태어나 어른들의 손에서 온갖 귀여움을 다 받고 크다 보니 눈치가 빠르고 아이답지 않는 면도 있었지. 역시 칭찬만 듣고 자라다 보니 자신감이 넘치는 건 좋은데 어린 마음에 더 많은 칭찬을 들으려고 일을 꾸미다 발각되어 온 가족이 웃는 귀여운 해프닝도 가끔 있었지. 그런 일은 지금 생각해 보면 좀 남달랐던 것 같기도 해.

중고등학교 시절, 모두 수석은 아니고 수석과 차석 자리에서 머물렀지. 그래도 그게 어디냐. 참 대단하다. 정말 착실하고 성실

•• 멋진 폼 끝내줘요. 믿음직한 큰아들

하고, 어디서나 미움 받을 만한 행동은 하지 않았지. 책임감이 강했고 모든 일을 미리미리 준비해서 실수라는 걸 전혀 모르는 완벽한 너였단다.

엄마가 가장 대견스럽고 가슴 뿌듯했을 때는 중학교 졸업식 날이었다. 반 아이들은 모두 졸업 기분에 들떠서 담임선생님 말씀이 채 끝나기도 전에 소리를 지르며 교실 밖으로 다 뛰쳐나갔는데, 아무도 없는 빈 교실에서 너는 혼자 남아 책걸상을 맞추고 흐트러져 있는 학습용구들을 제자리에 잘 정리해 놓은 후 교실 문을 닫고 나서는 믿음직한 모습을 잊을 수가 없구나. 덕분에 복도에는 우리 가족들만 남아서 너를 기다리고 있었지만 말이야. 아마 이 사실을 그때 담임선생님께서도 전혀 모르실 거다. 삼년 간의 학급 실장과 대의원의 임무를 끝까지 잘 마무리한 자랑스러운 우리 아들.

고등학교 시절, 공부를 더 잘할 수 있는 능력은 되는데 체력이 받쳐주질 않아 너와 엄마가 아쉬움과 안타까움으로 책상머리에서 부둥켜안고 소리 없는 눈물을 흘렸던 것 기억나니? 엄마가 가장 가슴 아팠던 일은 한창 열심히 공부에 전념해야 할 시기에 수술을 하고 병원생활을 두 번씩이나 할 때였지. 퇴원을 하고 며칠 동안 몸을 추스르고 학교에 갔어도 힘들었을 텐데 병원 문을 나온 즉시 교실 책상 앞에 앉도록 했으니 얼마나 힘이 들었니? 지금 생각하면 왜 그렇게 엄마가 안달이 났었는지, 지금도 그때 네가 힘들었을 일을 생각하면 마음이 얼마나 아픈지, 얼른 다른 생각으로 돌려버리곤 한단다.

넌 성격이 여유로운 면도 있어서 혼자 잘 참아 넘기기도 하지.

먼저 화내는 일도 없고 차분하면서도 꼼꼼한데 뭔가 결실이 없어서 너는 항상 불만이고 엄마도 속이 많이 상했단다. 그 이유는 욕심은 많은데 노력이 적었기 때문이 아닌가 싶구나. 그래서 부탁하는데 앞으로는 모든 일이 용두사미식이 되지 않도록 노력했으면 한다.

그리고 한 가지 더 순간을 모면하기 위한 어떠한 작은 거짓도 없이 항상 진솔해야 할 것이고, 정의로운 용기만이 너를 성공하게 할 것이라고 말해주고 싶다.

장하고 자랑스러운 아들아! 지금 힘이 많이 들지? 엄마와 우리 가족 모두가 너를 지켜주고 응원할 테니 조금만 참고 힘을 내 주렴. 세상을 크게 바라보고 힘차게 나가자. 우리 집안의 희망이요, 행복이며 큰 기둥이 되리라 굳게 믿는다.

사랑해 아들!

1997년 4월 25일 금요일

생각만 해도 좋아서 웃음 지어지는 내 아들에게 엄마가

선생님의 이름으로

저의 나이 또래에는 유치원에 다닌 친구가 별로 없었습니다. 일부 상류층만 다니는 곳이 유치원이어서 우리 세대는 순수 공교육에 편입되고서야 한글을 익힐 수 있었습니다. 그런 시절에 저는 만 다섯 살이란 나이로 한글을 혼자 떼어서(간판을 읽을 정도였지만) 동네 어른들을 깜짝 놀라게 했습니다. 영특한 아이라서 그런 것이 아니었고 큰누나인 고정자 선생님의 배려 덕택이었습니다.

감곡이라고 기억되는 어느 초등학교 앞에 누나가 하숙을 하고 있었는데 어린 저를 데리고 살면서 1학년 교실에 청강생으로 앉혀 놓았습니다. 그 반은 누나와 친한 여자 선생님의 반이었는데 형, 누나들 틈에서 엄마와 떨어진 데다 낯선 환경에 던져져 있다 보니 저는 공부를 하기보다는 훌쩍거리는 시간이 더 많았다고 합니다. 어떻게 해서든 한 학기를 채우려고 누나는 집에 가고 싶다는 나를 밤이면 어르고 업어서 재우고 했지만 그 노력도 물거품으로 만들 만큼 저는 멘탈이 약했나 봅니다. 결국 한 달을 채우지 못하고 집으로 돌아오긴 했지만 전혀 소득이 없었던 것은 아니었습니다. 제가 한글을 읽은 것은 그러니까 삼년 서당개가 풍월을 읊은 것이라고 볼 수 있습니다. 그렇게 큰누나는 저에게 선생님이란 이름으로 먼저 기억되고 있습니다.

저는 선데이 크리스천 정도(?)의 신앙심을 가지고 있습니다. 그러나 뭔 은혜를 입었던지 캄보디아 유학생들 G.B.S 리더로, 교회학교 교사로 헌신 봉사할 기회를 가졌습니다. 교회 안에서 저를 전학년부 고 선생님이라고 불러주면 그렇게 좋을 수가 없습니다. 주일날 아침 꼬마아이들이 선생님, 하며 제 품에 달려들 때 그렇게 기분 좋을 수가 없습니다. 그래서 큰누나가 아이들을 사랑할 수밖에 없는 이유를 아주 조금은 알 수가 있습니다.

그리고 교회 공동체에서 제가 선생님이라고 부르는 분이 한 분 계십니다. 교회학교 선생님들 말구요. 초등학교 1학년 때 옆 반 선생님이셨던 유 권사님이십니다. 우연히 다른 얘기를 하다 저와 사제지간인 걸 알게 되었고 그 뒤부터 저는 선생님이라고 일부러 크게 부릅니다. 무한한 존경심을 담아서 말이죠. 그 당시 선생님들은 어찌 그렇게 다 무섭던지요, 라는 얘기를 하니깐 막 웃으시면서 그때는 그렇게 하지 않으면 수업이 잘 안 됐어, 라고 제 귀에 조용히 소곤거리십니다. 몇 달 전에 팔순이셨다는데 깜짝 놀랐습니다. 선생님의 얼굴이 너무 젊어서였고 둘째는 제 나이가 갑자기 실감

나서였습니다. 선생님 건강하게 오래 사세요!

제가 활동하는 배구클럽이 있습니다. 그곳 회원 중에 초등학교 선생님 두 분이 계십니다. 두 분 다 삼십대의 젊은 교사이십니다. 그분들과 학교 얘기를 자주 합니다. 방과 후 수업은 어떤지, 방학은 며칠이나 하는지, 특별수업은 무엇인지 등등, 그러면서 은근슬쩍 저도 교육가족입니다, 라고 하면서 큰누나 얘기를 넌지시 꺼내듭니다. 그러면 대체로 이런 말씀을 하십니다. 그때 그분들이 실력이 좋으셨죠. 올라운드 플레이어라고 할까요. 지금 샘들은 실력이 그만큼 못해요, 라며 호응해주십니다. 암요, 고생 많으셨죠. 그때나 우리 때나 한 반에 애들이 70명쯤 되었을 걸요.

우리 배구팀이 시합할 때 저는 누구야, 누구야 라고 이름을 부르지만 그 두 분께는 권쌤, 김쌤이라고 합니다. 역시 사랑을 듬뿍 담아서 말이죠. 선생님은 어찌되었든 선생님이니까요.

이렇게 저와 관계 맺은 초등학교 선생님 중 한 분이 은퇴를 한다고 합니다. 무려 44년의 교직생활이었다고 합니다. 엊그제 원고 청탁을 받으면서 몇 년이나 하셨냐고 물었다가 깜짝 놀랐습니다. 지금도 저렇게 젊은데 누나 동기선생님들은 대부분 십 년 전에 은퇴를 했다고 합니다. 이제 여행이나 하면서 쉬시라고 하니깐 펄쩍 뛰며 할 일이 더 많아졌다고 합니다. 역시 화끈한 고 선생님이십니다.

선생님이란 이름은 이제 내려놓게 되지만 한번 선생님은 영원

•• 선생님의 향기를 한 가득

한 선생님입니다. 가르치는 일에서는 벗어나지만 인생의 스승으로 앞으로 살아가시게 되겠죠. 그동안 수고하셨습니다. 건강하세요!

2013년 10월 28일 월요일

막내 동생 호성 드림

존경하는 선생님께

아침저녁으로 불어오는 선선한 바람을 느끼며 한 치의 오차도 없이 성실한 자연의 질서 앞에 숙연해지는 가을아침입니다.

항상 이맘때가 되면 느끼곤 하지요. 일 년이 참 빠르게 가고 있구나 하고 말이에요. 하기야 선생님의 제자 우리 아이가 하나, 둘, 셋, 넷! 참새, 짹짹! 을 외치며 초등학교에 입학한 지가 엊그제 같은데 벌써 대학생이 되었고 군에 입대하여 군인아저씨가 되었으니 별다른 말이 필요 없을 듯합니다.

선생님!

그동안 열정과 정성으로 반평생을 바쳐 아이들을 교육하신 현장에서 이제 명예로운 정년을 맞이하게 되심을 진심으로 축하드리며 존경하는 마음을 보내 드립니다.

선생님을 생각하면 늘 교사 이전에 엄마의 마음을 가지신, 그리고 아이들을 가르침에 있어서 누구에게도 뒤지지 않는 열정을 가지신 분으로 기억됩니다.

사실 상민이가 초등학교에 입학할 때 담임인 고 선생님을 뵙고 엄마인 제 마음은 젊은 선생님이 담임을 맡았으면 하는 마음에 조금 서운하기도 했었죠. 그런데 그런 제 생각이 틀렸다는 것을 깨닫는 데는 채 한 달도 걸리지 않았지요.

공부하는 자세, 글씨를 예쁘게 쓰는 훈련, 예의바른 말씨 등등, 아이가 학교에 입학하고 점차 달라지는 모습을 보며 선생님께서 담임을 맡아주신 것이 얼마나 다행이고 감사했던지요.

겉으로 드러나는 선생님의 무섭게 느껴질 정도의 카리스마와는 또 다르게 자상하시고 정도 많으시고 반 아이들 한명 한명을 마치 내 자식인 양 정성으로 가르쳐주신 그 모습과 사랑을 잊을 수가 없습니다.

종일반 유치원에 다닐 때와는 달리 초등학교에 들어가게 되니 오전수업만으로 하교를 하게 되어, 직장에 다니는 엄마로서는 걱정이 많았던 그때 저 같은 사정이 있는 아이들을 따로 모아서 숙제도 하게 하고, 글씨연습도 시켜주시며 늦게까지 돌봐주신 그 은혜로 아이도 저도 편안함과 감사함으로 그 시절을 보낼 수 있었습니다.

선생님께서 실천해주신 그 희생과 사랑이 있었기에 저희 아이들이 잘 자랄 수 있었으며 선생님께서 담임으로 맡은 반 아이들은 항상 성적도, 예절도, 다른 어떤 반보다도 우수했었고 모범적인 아이들로 성장하는 것을 생각하면 지금도 감사한 마음에 가슴이 뭉클해지고는 합니다.

이제 그 아이들은 성장하면서 선생님께 배운 그 사랑을 주변에 전하는 멋진 친구들이 될 것입니다. 또한 이 사회를 한층 밝고 경제적으로 발전시키는 역할을 담당하는 리더들이 될 것임을 믿습니다.

고정자 선생님!

이제 학교를 떠나시더라도 늘 건강하시고 계획하신 모든 일들이 형통의 복으로 함께하시기를 진심으로 기원 드립니다. 영광의 정년퇴임을 다시 한 번 축하드립니다.

2014년 10월 13일 월요일

제자 이상민 엄마 이정식 올림

사랑으로 품어주신 고마운 선생님

전라북도교육청 '학부모 수기 공모전' 금상

인생을 오래 살다보니 만남의 인연이 얼마나 소중하고 또 얼마나 감사한지를 절감하게 됩니다. 언제부턴가 만남의 인연에 관해 생각하면서, 마음으로 좋은 분들을 만날 수 있게 해 달라는 기도를 절로 하게 되었지요. 그 덕분일까요? 하느님께서는 부족한 저와 '눈에 넣어도 아프지 않을 금쪽같은 내 새끼'에게 좋으신 선생님과의 만남을 허락해주셨습니다.

새로운 만남은 손자에게 새로운 희망을 주었습니다. 이 늙은 할머니의 눈에 비치는 손자의 밝은 모습은 그 자체로도 감사함을 느끼기에 충분하였습니다. 좋으신 선생님을 만난 것도 커다란 축복이라 생각하면서 그동안 선생님께서 우리 손자에게 베풀어 주신 사랑에 감사함을 전하고자 서투른 글이나마 전해 드리고자 합니다. 막상 학부모 수기 공모전에 글을 올리려 하니 부끄럽기도 하고 한편으로는 손자와 함께 했던 시간들이 너무나 힘들어서 눈물이 앞을 가리기도 합니다.

저는 전주시 완산구 평화동에 위치한 전주평화초등학교 2학년 3반 김별 학생의 외할머니 57세 양영숙입니다. 저는 아들을 혼자 키우고 있는 딸을 두고 있습니다. 그 딸이 낳은 아이가 바로 제 손자 별이입니다. 아이를 고생고생하며 키우는 모습을 옆에서 지켜본다는 것은 겪어보지 않은 이들은 그것이 얼마나 큰 슬픔이고 아픔인지 모를 것입니다. 그래도 아이가 성장하면서 안겨주는 즐거움은 우리 모녀에게 또 다른 기쁨을 주기도 하지요.

많은 사람들이 걱정하는 별이를 저는 처음부터 사랑으로 안으면서 다른 아이들 못지않게 정말 잘 키워서 초등학교에 보내게 되었습니다. 1학년 입학을 시키고 그저 아이들과 사이좋게 잘 지내고 건강하게 학교생활을 즐겁게 하면 되는 줄로만 알았습니다. 사회가 많은 변화를 가져온 것처럼 학교도 많이 달라졌더군요. 학교라는 곳은 공부도 해야 하고 친구 관계도 소홀히 해서도 안 된다는 것을 점점 알게 되었습니다.

시간이 갈수록 별이가 그렇게 뒤처지는 줄 몰랐습니다. 우선 한글을 깨우치는 데 너무 힘들어 했습니다. 아무리 가르쳐도 책을 읽는 것도 어려워하고 쓰기는 더 어려워했습니다. 적어도 한글은 알아야 다른 공부도 할 수 있을 텐데. 그런데도 한글을 잘 읽지도 못했고 어쩌다 받아쓰기를 해보면 매번 0점, 제일 잘 맞으면 10점, 20점이었습니다. 눈앞이 캄캄해지고 처음에는 미쳐서 죽는 줄 알았습니다.

아이 엄마는 직장에서 밤 11시가 넘어야 집에 들어오니 별이의 지도는 언제나 저의 몫이었습니다. 저는 25년 전, 남편을 교통사고로 잃고 세 아이들과 살기 위해서 목욕탕 때밀이를 25년 넘게 하면서 힘들고 어렵게 사느라 아이들을 어떻게 키우고 어떻게 가르쳤는지 생각조차 나지 않습니다. 그런 저에게 손자 별이를 키우고 가르치는 것은 정말 힘든 일이었습니다. 요즘 신식 엄마들처럼 영어도 가르치고 체험활동도 해서 지식과 경험을 주는 일은 거의 불가능한 일이었습니다.

다른 과목도 글을 읽지 못하니 좋게 나올 리가 없었습니다. 저는 사랑하는 별이를 위해서 새벽마다 교회에 나가 하나님께 눈물로 기도했습니다. 제발 별이가 받아쓰기에서 0점만 면하게 해달라고 두 손 모아 기도하고 또 했습니다. 세상에 이런 기도를 하는 사람이 또 있을까 싶지만 저는 했습니다. 아주 절실하게 했습니다.

그런데 2학년에 올라가서 현재의 담임이신 고정자 선생님을 만나게 되었습니다. 학년 초 학부모 상담기간에 선생님을 처음 만나 뵈었는데 선생님은 엄한 인상을 주었습니다. 선생님과 면담을 했는데 저하고는 전혀 다른 교육 방식을 가지고 계셨고 선생님께 배울 점이 정말 많았음을 느꼈습니다. 우리 별이에게 좋은 일이 있을 것 같은 느낌에 새벽마다 간절한 마음으로 드린 기도를 하나님께서 들어주신 건 아닐까도 생각했습니다.

몇 주 후 아이한테 큰 변화가 찾아왔습니다. 별이의 학습 상태를 다 알고 계신 선생님은 저의 형편을 들으신 후 별이에게 맞는 학습방법을 말씀해주셨고 할머니와 함께 해보자고 제안하셨습니다. 선생님의 지도 방법에 맞춰 집에서 학습보조를 해주면 결과를 보아 가면서 더 좋은 방법으로 지도해 보겠다는 말씀에 반대할 이유가 없었지요. 그저 고마울 뿐이었습니다.

다음날부터 별이와 선생님은 다른 아이들보다 일찍 등교하여 아침활동 시간을 이용해서 국어공부를 하기 시작했습니다. 별이는 일찍 일어나는 일에 좀 힘들어했지만 선생님께서는 먼 거리에서 우리 별이만을 위해 일찍 오신다는 걸 알기에 아이를 혼내서라도 학교에 보냈습니다. 손자를 위한 욕심으로 저는 염치를 무릅쓰고 선생님께 의지할 수밖에 없었습니다.

반응은 아주 더디게 왔습니다. 별이와 저도 지칠 만큼 실력이 늘지 않았지만, 선생님께서는 정성과 사랑으로 꾸준히 지도해주셨습니다. 아침마다 책을 읽히고 받아쓰기를 한 달쯤 했을 때, 별이의 실력이 조금씩 변하기 시작했습니다. 글을 읽는 입모양이 조금씩 정확해져 갔고 받아쓰기에서도 글자는 많이 틀렸지만 글자 수만큼은 맞춰가기 시작하였습니다. 그럴 때마다 선생님께서는 저보다 더 기뻐해주셨고 격려의 전화도 잊지 않으셨습니다.

저도 선생님의 지도에 맞춰 책을 읽어주기도 했고 글자를 또박또박 쓰도록 가르쳤습니다. 배움이 짧은 탓에 별이를 잘 가르쳐 보기 위해 2학년 전과까지 샀습니다. 내가 공부한다는 심정으로 먼저 공부 한 후에 별이를 가르쳤습니다. 아이의 능력에 맞게 기초학습부터 잘 다져주기 위해서 저는 오후 5시 이후로 모임 등은 일절 나가지 않았습니다. 학교 끝나고 방과 후에 태권도, 피아노 하고 오면 오후 5시가 됩니다. 제가 저녁시간에 늦으면 아이가 숙제를 못해서 땀을 뻘뻘 흘리고 있는 모습이 너무 안타깝기 때문입니다. 저는 최선을 다해서 가르치려고 노력했습니다.

선생님께서 한글 공부 책까지 사주셔서 매일 2장씩 풀고, 따로 읽기와 쓰기 숙제를 내주셔서 집에서 해결하고 확인도 해서 학교에 보냈습니다. 그래서 우리 별이 알림장과 과제장에는 매일매일 선생님과 할머니의 사인이 쪽수마다 빠짐없이 있답니다. 물론 선생님의 지도에 따른 것이지요. 별이 말로는 다른 아이들 몇 명도 저같이 매일 선생님께 따로 과제 검사를 맞는다고 하는데 그 수고를 어찌 감당하시는지 정말 고마울 뿐입니다.

다시 한 번 선생님께 감사드립니다. 저는 선생님이 알려 주신 방법대로만 열심히 가르쳤고 선생님도 지금까지 계속 별이를 위해 개인지도를 해주셔서 2학기 후반이 지난 지금은 사랑하는 우리 손자가 책을 아주 정확하게 잘 읽고 받아쓰기도 곧잘 한답니다. 그렇게도 어려워하던 글자를 깨우쳐주시다니 정말 수고하셨습니다. 고맙습니다. 우리 손자 앞으로는 더 잘할 것 같은 느낌이 듭니다. 선생님을 만나기 전의 별이와 지금의 별이를 보면 마치 높은 산을 넘어온 듯 힘들고 어려웠지만 그 결과는 뿌듯하기만 합니다.

얼마 전, 평화초등학교에서 주최하는 '저학년 학부모 좌담회'가 과학실에서 있었습니다. 그 좌담회 강사님이 별이 담임선생님이었기에 만사를 제쳐놓고 참석했습니다. 선생님의 강의는 어느 대학교 교수님 못지않게 정말로 훌륭했습니다. 자녀를 키웠던 경험도 사이사이 이야기해주시면서 가정에서 부모가 특히 엄마가 해야 할 일 등을 자세히 말씀해주셨는데 한마디 한마디가 머리와 가슴에 콕콕 박혔습니다. 선생님께서 한 시간 동안 하신 좋으신 말씀 또박 또박 잘 적어왔습니다. 그 말씀대로 우리 별이를 바르게 잘 지도하면서 키우려고 합니다.

지금 이 순간에도 내 사랑하는 손자 별이를 바른길로 잘 키울 생각 밖에는 없습니다. 일등이나 꼴등이 중요한 게 아니라 아이의 능력에 맞춰 최선을 다할 수 있도록 아이와 함께 해주고 이해해주고 품어 주는 게 부모의 몫이라는 선생님의 말씀이 그렇게 마음을 울렸습니다. 옛날에 먹고 사는 일에 매달려 제 아이들에게 잘 해주지 못한 죄책감에 가슴이 시리기도 했습니다.

저는 오른쪽 눈이 실명되기 직전에 있습니다. 당뇨 합병증으로 눈이 잘 보이지 않습니다. 글씨가 잘 보이지 않고 눈이 피로해서 돋보기를 썼다 벗었다 하면서 가르치는 고통이 있지만 포기하지 않고 끝까지 해야만 하는 두 가지 이유가 있습니다. 첫째는 우리 별이의 앞날을 위해서, 둘째는 선생님과의 약속을 지키기 위해서입니다. 저에게 어떤 일이 있더라도 제가 죽는 그 날까지 사랑하는 손자 김별이를 우리 주님 안에서 기도하며 잘 키우겠습니다.

사랑으로 저의 손자를 바르고 따뜻하게 품어주신 고정자 선생님 감사합니다. 그리고 사랑합니다. 이 은혜 정말 잊지 않겠습니다. 선생님, 고맙습니다!

2013. 11. 28. 목요일

우리 손자 별이와 선생님을 사랑하는 학부모 양영숙

감사함으로

인생은 희로애락의 연속이다. 하지만 그것은 뫼비우스의 띠 위를 달음질하는 것 마냥 처음과 끝이 불분명하다. 삶의 어느 부분에서 행복이었고 어느 때에 불행했는지 일장춘몽마냥 헛갈린다. 개인적으로 천국을 소망하며 사는 인생이지만 지상에서 천국을 볼 때도 있고 지옥을 맛볼 때도 있었다.

사람의 기억은 이기적이다. 누구와 옛날 일을 들춰보았을 때 반드시 한두 장면은 서로의 기억이 다르다. 그것은 우리의 욕망 때문이다. 내 욕심과 바람을 그 당시 해결하지 못한 보상심리가 작용하는 것일지도 모른다.

그런 욕망을 채우기 위한 한 방편으로 기도라는 것이 있다. 신을 램프의 요정쯤으로 끌어내린 것을 기복신앙이라고 하던가. 타인의 종교야 어찌됐든 상관할 바 아니겠지만 나에게는 창조주를 올바르게 들려주는 특별한 친구가 있다. 항상 감사하며 살라는 충고도 덧붙이는 좋은 친구이다.

그 친구는 언제나 환한 미소를 지으며 매사에 감사하다는 말을 달고 산다. 타인과 하찮은 시빗거리라도 만드는 것을 아직까지 한 번도 보지 못했다. 그래서 나는 그를 천사라 부르고 싶다. 그 천사는 나를 볼 때마다 항상 감사하며 긍정적으로 살라며 잔소리다. 나의 언행이 그에겐 부정적으로 보였거나 욕심쟁이로 보였는가 보다. 그와 어떤 문제에 대해 대화할 때면 내 마음이 많이 누그러드는 것 같기도 하지만 결론은 항상 내가 중심이 되고야 만다. 그럴 때면 그 친구는 무척 안타까워하며 내 마음의 평안을 위해 기도하겠다고 한다.

그러던 내가 요즈음엔 그 친구의 기도가 이루어졌는지 작은 일에도 감사함을 느끼며 살고 있다. 어려움을 주신 이도 하나님이시요, 해결해 주시는 이도 하나님이라는 걸 고백한다. 어려움을 당했을 때도 '왜 내가'에서 '나이니까'로 생각을 고쳐먹는다.

사람은 살면 살수록 힘든 일과 고민거리는 줄어들지 않고 오히려 더 늘어난다. 하나님도 무심하시지 사람도 연식이 더해지면 삶의 무게도 감가상각이란 것을 적용해주면 얼마나 좋을까. 하지만 어려울수록 하나님을 찾는 시간이 많아져서 좋으니 이 또한 감사하다. 그저 다 무조건 감사하다고 기도한다. 주위를 둘러보면 사람들과의 관계에서도 감사할 일들은 정말 많다. 눈을 뜨고 하루를 맞는 것부터 감사할 따름이다.

마음을 비우는 일, 내려놓는 일이 이렇게 어렵다는 것을 이 나이가 되어서야 겨우 알게 되다니 부끄러울 따름이

감사합니다. 행복했었습니다.

다. 반대로 채우는 일도 있어야 할 것이다. 마냥 비우기만 하면 바람에 날려가 버릴지도 모르지 않는가. 인생의 3막을 열며 봉사의 계획을 세웠는데 충만하게 이루어지길 조용히 기도한다.

이제 44년간 쥐었던 교편을 내려놓는다. 초롱초롱한 눈망울로 나를 쳐다보는 아이들에게 뒤돌아, 사랑의 눈인사를 보낸다. 그리고 조용히 교실 문을 닫고 걸어 나가련다. 동료선생님들, 학부형님들, 그리고 사랑하는 제자들이여…. 감사하고 또 감사합니다.

2014년 12월 마지막 학기를 마치며

고정자 수필집
일어나 뒤돌아서 감사하라

인쇄 2015년 1월 10일
발행 2015년 1월 20일

지은이 고정자
발행인 서정환
펴낸곳 신아출판사
주소 전북 전주시 완산구 공북 1길 16
전화 (063) 275-4000 · 0484 · 6374
팩스 (063) 274-3131
이메일 sina321@hanmail.net shina2347@naver.com
출판등록 제465-1984-000004호
인쇄 · 제본 신아출판사

ISBN 979-11-5605-177-0 03810
값 13,000원

이 도서의 국립중앙도서관 출판시도서목록(CIP)은 서지정보유통지원시스템 홈페이지(http://seoji.nl.go.kr)와 국가자료공동목록시스템(http://www.nl.go.kr/kolisnet)에서 이용하실 수 있습니다.(CIP제어번호: CIP2015001561)

Printed in KOREA